Tu parles français?
Gillian Taylor

Pearson Education Limited
Edinburgh Gate
Harlow
Essex
CM20 2JE
England and Associated Companies throughout the World

ISBN 0582 31955 2

First published in 1983
Second edition published in 1998
Sixth impression 2004
Printed in China
EPC/06

The Publisher's policy is to use paper manufactured from sustainable forests.

Contents

Compatibility of this new edition with the first edition

This new edition of *Tu parles français?*, bringing in colour, French rubrics and new material, is fully compatible with the original edition (the original tasks are in the same order and on the same pages), so that teachers can use a mixture of both in class.

The changes are:
Conversation topics (pages 2–27) now include:
- some supplementary questons to cover current syllabus requirements;
- modernised phrase-box options, e.g. *CD* instead of *disque*; new hobbies.
- improved layout

Role-play topics (pages 28–64) now include:
- additional picture cues, replacing English cues in some exercises;
- modernisations, e.g. prices; new page 57;
- some supplementary phrases to cover current syllabus requirements;
- some additional lines in some of the model dialogues.

Encore (pages 65–76) – supplementary pages – contain:
- One English-cue role play per topic;
- One open-ended role play per topic. This can be answered using phrases presented in this book, or any other relevant French;
- References: numbers, instructions, questions.

How to use this book

Tu parles français? will prepare you for your Foundation Speaking test (GCSE or Standard Grade) in French.

The book is in two parts: 'Conversations' and 'Dialogues'. This is how they work:

Conversations

These are the topics needed for your conversation test. Each topic is in three sections.

Préparation: use the phrase boxes to build up as many sentences as you can about yourself. Choose someting from each column of the box, and include everything relevant to you. *The more you can say, the better.* Write your sentences down; this will also help with 'informal letters' in your Writing test.

Conversation: exam-type questions referring to the sentences you have prepared. Work with a partner if you can. One of you will ask the questions while the other tries to answer from memory.

Révision: cues to start you off on a speech on the topic. Your teacher will tell you if you have to give a talk like this in your exam.

Dialogues

These are the topics needed for your role-play tests. Each topic has:

Dialogues which show what phrases you need. The lines in *italics* are the most important for you.

Then

Exercices which practise these phrases. If there's a phrase box, you must choose something from each column. It's best to say the answers aloud. When you think you know the phrases, try again but this time cover the phrase box over. You could work with a partner: test each other.

Then check your skills with more **Dialogues** using the role plays at the end of the topic. These use the same phrases but in a different order. Again, practise aloud with a partner.

Encore (pages 65–76) gives two extra role plays on each topic. You could save them as a revision to check shortly before your Speaking test.

Make a phrase book (page 77) is for you to make a revision check list. Find the French on the pages indicated; it's all there, but you'll need to re-read and think.

Note to teachers

This new edition is compatible with the original edition. For details please see page iv opposite.

Mon apparence

PRÉPARATION 1

1. Je m'appelle . . .

2. J'ai

J'ai	treize quatorze quinze seize dix-sept	ans.

3. J'ai les cheveux

J'ai les cheveux	longs, courts,	blonds noirs bruns roux (*red*) châtains (*auburn*)	et	frisés (*curly*). lisses (*straight*).

4. Je suis

	très grand. assez grand. assez petit. tout petit.
	très grande. assez grande. assez petite. toute petite.

5. Je porte

	mon uniforme scolaire	
a	une cravate	orange
b	une veste	jaune
c	une jupe	rouge
d	une chemise	noir (noire)
e	une robe	bleu (bleue)
f	un pantalon	blanc (blanche)
g	un manteau	vert (verte)
h	un blouson	brun (brune)
i	un chemisier	gris (grise)
j	un pullover	violet (violette)
k	un jean	multicolore
l	des chaussures	
m	des chaussettes	
n	des lunettes	

Attention: une + (. . .).

CONVERSATION 1

1. Comment t'appelles-tu?
2. Quel âge as-tu?
3. Comment sont tes cheveux?
4. Tu es grand/grande ou petit/petite?
5. Qu'est-ce que tu portes en ce moment?

RÉVISION 1

Décris-toi.

Ma famille

PRÉPARATION 2

1a. Je suis 

fils unique.
fille unique.

1b.

J'ai	un frère deux frères trois frères	et	une sœur. deux sœurs. trois sœurs.
Je n'ai pas de	frères. sœurs.		

2.

Mon	frère grand frère petit frère	s'appelle . . .
Ma	sœur grande sœur petite sœur	

3.

Il Elle	a	un an . . . ans

1 à 1000: à la page 79.

4.

Il Elle	va	à l'école. au collège. à l'Université.
	ne va pas à l'école. travaille. ne travaille pas.	

Le travail: à la page 25.

5.

Il est	beau. intelligent. méchant (*bad*). mignon (*cute*). sympa (*nice*). sévère. amusant. embêtant (*annoying*). marié. divorcé. célibataire (*unmarried*).	Elle est	belle. intelligente. méchante. mignonne. sympa. sévère. amusante. embêtante. mariée. divorcée. célibataire.

D'autres possibilités:

un mon	père (*father*) beau-père (*stepfather*) frère jumeau (*twin brother*) demi-frère (*half-brother, stepbrother*) grand-père
une ma	mère (*mother*) belle-mère (*stepmother*) sœur jumelle (*twin sister*) demi-sœur (*half-sister, stepsister*) grand-mère

CONVERSATION 2

Répète 1 à 5 pour d'autres membres de ta famille.

1. Est-ce que tu as des frères ou des sœurs?
2. Comment s'appelle ton frère/ta sœur?
3. Quel âge a-t-il/elle?
4. Est-ce qu'il/elle va à l'école?
5. Comment est-il/elle?

RÉVISION 2

Parle-moi de ta famille.

Le sport

PRÉPARATION 3

1.

Je suis très assez (*fairly*) un peu (*a bit*)	sportif.
Je ne suis pas très	sportive.

2.

Je fais du sport Je m'entraîne (*I train*)	chaque jour. le week-end. de temps en temps. avant l'école (*before school*). après l'école (*after school*). une fois par semaine (*once a week*). deux fois par semaine.

3a.

J'aime regarder le J'aime jouer au Je suis membre d'une équipe de (*team*)	football rugby cricket golf squash basket billard snooker badminton tennis tennis de table hockey hockey sur glace volley-ball	au collège. au jardin public. au club. au stade. dans la rue. au centre sportif. à la télévision. aux Jeux Olympiques. à la patinoire (*rink*). à la campagne en ville. au manège (*riding stables*). en Écosse (*Scotland*). dans les Alpes. au bord de la mer. à la maison. chez mon ami. à la piste (*track*). au terrain (*ground*). avec des camarades. en famille. à la montagne.
J'aime regarder le J'aime faire du	ski ski nautique tir tir à l'arc parachutisme surfing jogging cyclisme delta-plane patinage sur glace patinage à roulettes	
J'aime regarder J'aime faire de	la boxe la lutte la danse l'alpinisme l'équitation la gymnastique l'haltérophilie	

3b. J'aime la natation

en mer.
à la piscine.
à l'école.

J'aime

nager	le crawl. la brasse (*breast stroke*). sur le dos (*back stroke*). le papillon (*butterfly*).
plonger (*diving*).	

3c. Je vais à la pêche. J'aime la pêche

en mer.
en rivière.
en lac.

3d. J'aime faire

de l'aviron du canoë de la voile de la planche à voile	en mer. en rivière. en lac.

3e. J'aime les courses

de cyclisme.
d'autos.
de motos.

Je suis souvent

coureur (*competitor*).
spectateur.

3f. J'aime

le judo.
le karaté.

Je suis ceinture

blanche.	jaune.	verte.	brune.
rouge.	orange.	bleue.	noire.

3g. J'aime l'athlétisme. Je fais

4. Mon sport préféré est

le
la
l'
les

. . . parce que c'est

rapide.
amusant.
agréable.
difficile.
dangereux.
tranquille.
intéressant.
sensationnel.
impressionnant.

CONVERSATION 3

1. Est-ce que tu es sportif/sportive?
2. Tu fais souvent du sport?
3. Quels sports est-ce que tu aimes?
4. Quel est ton sport préféré? Pourquoi?

RÉVISION 3

Parle-moi de tes activités sportives.

La télé, la radio, les films

PRÉPARATION 4

1. Je regarde la télévision —
2. J'écoute la radio —
3. Je vais au cinéma —

chaque jour (*every day*).	une fois par semaine (*once a week*).
chaque matin.	deux fois par mois (*twice a month*).
chaque soir.	trois heures par jour.
chaque semaine.	de temps en temps (*now and then*).

très peu.	C'est trop cher (*too dear*). C'est trop ennuyeux (*too boring*). Je suis trop occupé(e) (*too busy*).

4. À la télévision, j'aime les —
5. À la radio, j'aime les —
6. Au cinéma, j'aime les —

sports	séries scientifiques
westerns	films policiers
comédies	films de gangsters
comédies musicales	films de guerre (*war films*)
discussions	films d'aventures
documentaires	films d'horreur
concerts	films d'amour (*love films*)
feuilletons (*serials*)	films d'espionnage (*spy films*)
programmes de disques	films à suspense
jeux (*quizzes*)	actualités (*news*)
pièces de théâtre (*plays*)	actualités régionales (*local news*)
dessins animés (*cartoons*)	programmes sur les animaux
reportages (*news reports*)	programmes de science fiction
variétés (*variety shows*)	programmes pour la jeunesse (*for young people*)
séries policières	

7. Mon programme de télévision préféré s'appelle '. . .'. C'est un —
8. Mon émission de radio préférée s'appelle '. . .'. C'est un —

programme	de sports.	de variétés.	de dessins animés.	comique.
	de disques.	d'actualités.	de science fiction.	documentaire.
	de musique.	de reportages.	sur les animaux.	scientifique.
	de cowboys.	de discussions.	pour la jeunesse.	policier.
feuilleton (*serial*). jeu (*quiz*).				

CONVERSATION 4

1. Est-ce que tu regardes beaucoup la télévision?
2. Tu écoutes beaucoup la radio?
3. Tu vas souvent au cinéma?
4. Quelles sortes de programmes de télévision est-ce que tu aimes?
5. Quelles sortes d'émissions de radio est-ce que tu aimes?
6. Quelles sortes de films est-ce que tu aimes?
7. À la télévision, quel est ton programme préféré?
8. À la radio, quelle est ton émission préférée?

RÉVISION 4

1. Est-ce que tu aimes regarder la télévision et écouter la radio?
2. Est-ce que tu aimes aller au cinéma?

La musique

PRÉPARATION 5

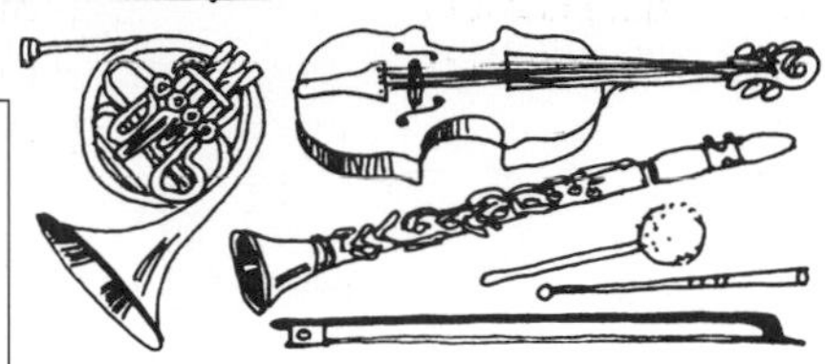

1. J'aime

écouter chanter jouer	la musique classique. la musique pop. la musique militaire. la musique de danse. toutes sortes de musique.	le jazz. le rock. le reggae. le disco.	le blues. le soul. le country. le folk.

2. J'écoute la musique

au club. chez des amis. à des concerts. à la maison. dans ma chambre.

J'ai

un électrophone (*CD player*). un magnétophone (*tape player*). un ensemble stéreo (*stereo system*). une radio. un walkman. une radio-cassette.

3.

Mon groupe préféré s'appelle '. . .'.	Il y a un	pianiste. organiste. batteur (*drummer*). chanteur (*singer*).	guitariste solo. bassiste (*bass player*). joueur de synthétiseur (*keyboards player*).
Mon chanteur préféré s'appelle . . . Ma chanteuse préférée s'appelle . . .			
Je n'ai pas de groupe préféré, mais j'aime . . .			

4. Je joue

du piano du violon du tuba de la flûte du saxophone de la guitare du violoncelle de l'harmonica de l'accordéon	de l'orgue (*organ*) de la trompette de la clarinette de l'alto (*viola*) du synthétiseur du hautbois (*oboe*) de la batterie (*percussion*) de la flûte douce (*recorder*) de la contrebasse (*double bass*)	dans un orchestre (*orchestra, band*). dans un orchestre de chambre (*chamber orchestra*). dans un orchestre de jazz (*jazz band*). dans un orchestre à vents (*wind band*). dans une fanfare (*brass band*). dans un quatuor à cordes (*string quartet*). dans un groupe. à la maison. seul (*on my own*).

CONVERSATION 5

1. Quelle sorte de musique est-ce que tu aimes?
2. Où est-ce que tu écoutes la musique?
3. Est-ce que tu as un groupe ou un chanteur préféré?
4. Est-ce que tu joues d'un instrument?

RÉVISION 5

Parle-moi de la musique que tu aimes.

Mes passe-temps

PRÉPARATION 6

Qu'est-ce que tu aimes faire à la maison?

- J'aime lire. ➪

Je lis deux trois beaucoup de	livres magazines journaux	par semaine (*a week*). par mois (*a month*).
Mon livre magazine journal	préféré s'appelle '. . .'.	

- J'aime les animaux. ➪

J'ai

un grand petit	chat chien cheval poney oiseau lapin cochon d'Inde (*guinea pig*) hamster	blanc. noir. brun. gris. jaune. roux (*ginger*). multicolore.
une gerboise (*gerbil*). un poisson rouge.		une souris. une tortue.

- J'aime jouer. ➪

Je joue

aux échecs aux cartes aux jeux de société (*board games*) aux jeux vidéo	avec mes amis. sur mon ordinateur. en famille. seul (*on my own*).

- J'aime la mode. ➪

J'aime essayer (*trying out*)

différentes coiffures (*hair styles*). différents vêtements. différents maquillages (*make-up*). différents looks.

- J'aime contacter mes amis. ➪

J'aime

téléphoner parler écrire écrire par e-mail	à	un ami. une amie. mon correspondant. ma correspondante.

- J'aime rester (*stay*) dans ma chambre. ➪

J'aime

changer organiser	ma chambre. mes affaires (*possessions*). ma collection de posters. photos. jouets.
la solitude.	

- J'aime la mécanique. ➪

J'aime

réparer perfectionner (*improve*)	mon vélo. ma moto.
faire des inventions.	

- J'aime l'informatique. ➪

Sur mon ordinateur,

je joue à des jeux. je fais mes devoirs. je surfe sur l'Internet. j'envoie de l'e-mail.

- J'aime

la peinture. le dessin. la photographie.

➪

Je fais des dessins Je prends des photos	de ma famille. de la nature. de mes amis. d'animaux.

- J'aime faire . . . ➪

la cuisine.	Je fais	des gâteaux. des biscuits. des pizzas. des repas.
des vêtements.	Je sais (*can*)	coudre (*sew*). tricoter (*knit*).
des enregistrements (*recordings*)	vidéo. audio.	
des modèles	de bateaux. de voitures. d'avions. de maisons.	
du jardinage.		

- Je m'intéresse . . . ➪

à l'astronomie. à l'astrologie. à la nature.	à la politique. à l'environnement. à l'électronique.

- J'aime embêter ma famille! ➪ (*annoying*)

Je me dispute avec

mon frère. ma sœur. mon père. ma mère.

- J'aime

regarder la télé. écouter la radio. écouter de la musique.

➪ À la page 6.
➪ À la page 6.
➪ À la page 7.

CONVERSATION 6 Quel est ton passe-temps préféré?

RÉVISION 6 Qu'est-ce que tu fais à la maison pendant tes moments de libre?

Je sors

PRÉPARATION 7

Où vas-tu le soir et le week-end?

1.

<table>
<tr><td rowspan="6">Le soir

Le week-end

Le lundi

Le mardi

Le mercredi

Le jeudi

Le vendredi

Le samedi

Le dimanche</td><td rowspan="6">je vais</td><td>au café.
au bar.
au club.
chez un ami.
chez une amie.
en discothèque.

D'autres idées:
à la page 13,
no. 5;
aux pages 58–59.</td><td colspan="2">J'aime jouer au billard.
jouer au tennis de table.
jouer aux fléchettes (darts).
jouer aux cartes.
jouer au babyfoot (bar football).
jouer aux jeux vidéo.
prendre un verre (have a drink).
bavarder (chat).
écouter de la musique.
aller à une boum (party).
danser.</td></tr>
<tr><td>à un match de</td><td colspan="2">football.
rugby.</td></tr>
<tr><td>à un concert de</td><td colspan="2">musique classique.
musique pop.
jazz.</td></tr>
<tr><td>en ville</td><td colspan="2">voir des amis.
manger au Macdo (fast-food).
faire les magasins.</td></tr>
<tr><td>à la campagne.
au jardin public.</td><td>Je me promène à pied
à vélo
en moto
en voiture</td><td>avec mes amis.
avec mon chien.
en famille.
seul(e) (alone).</td></tr>
<tr><td colspan="3">à mon unité de cadets militaires.
à mon groupe de scouts (Scouts or Guides).
au théâtre.
au bowling.
à l'église.
à ma leçon de musique.
à mon cours de chant (singing lesson).
chez ma grand-mère.
au cinéma.

➪ À la page 6.</td></tr>
<tr><td>Le vendredi soir</td><td>je fais</td><td colspan="3">du sport.
de la musique.

➪ À la page 4.
➪ À la page 7.</td></tr>
<tr><td>Le samedi sor</td><td>je travaille.</td><td colspan="3">Je fais mes devoirs.
J'aide mes parents.
Je gagne de l'argent.

➪ À la page 11.</td></tr>
<tr><td>En semaine (weekdays)</td><td colspan="4">je reste à la maison.
je ne sors pas.</td></tr>
</table>

2. Je sors (*I go out*)

chaque soir (*every night*) samedi soir le week-end de temps en temps deux fois par semaine (*twice a week*) très rarement (*hardly ever*) quelquefois (*sometimes*)	en bande. avec un ami. avec une amie. seul(e) (*alone*).

CONVERSATION 7

1. Où vas-tu quand tu sors?
2. Est-ce que tu sors beaucoup?

RÉVISION 7

Est-ce que tu aimes sortir?

Mon argent

PRÉPARATION 8

Réponds au no. 1 si tu as un job.

1. Je gagne de l'argent.

Je travaille	pour papa et maman. pour des voisins (*neighbours*). dans un magasin. dans un garage. dans un hôtel. dans un bar.
Je distribue des journaux. Je fais du jardinage. Je fais du baby-sitting.	

Le travail: à la page 25.

2.

Je dépense mon argent. 	J'achète des vêtements, des CDs, des produits de beauté, des cassettes, des bonbons, des magazines, des cadeaux et des entrées pour le cinéma. 
Je fais des économies. 	Je veux acheter un vélomoteur et une guitare. 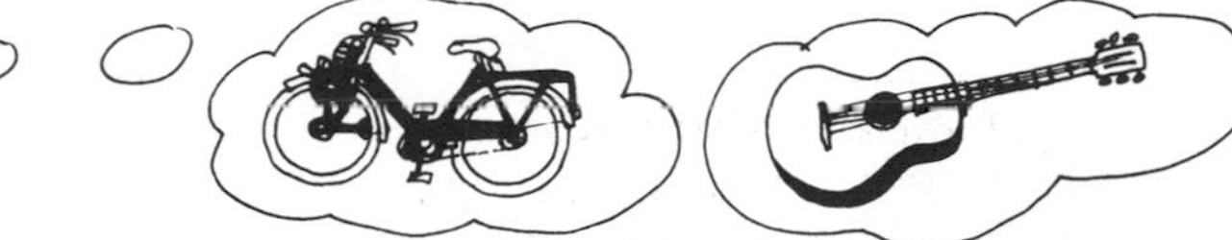

CONVERSATION 8

1. Est-ce que tu gagnes de l'argent?
2. Est-ce que tu dépenses ton argent, ou est-ce que tu fais des économies?

RÉVISION 8

Qu'est-ce que tu fais de ton argent de poche?

Mon adresse

PRÉPARATION 9

1. J'habite à . . .

2. C'est

une	grande petite	ville cité	près de . . . (*near*) à . . . kilomètres de . . .	dans	le nord le sud l'est l'ouest	de l'Écosse. de l'Irlande. du pays de Galles. de l'Angleterre.
un	grand petit	village port				
un quartier de . . . (*district, suburb*)						
la capitale						

3. Mon

adresse numéro de téléphone

est . . .

1 à 1000: à la page 79.

4. Je suis né(e) à . . . en dix-neuf cent quatre-vingt-. . .

5. Je suis

	Anglais. Écossais. Gallois. Irlandais. Britannique.		Anglaise. Écossaise. Galloise. Irlandaise. Britannique.

6.

J'aime Je n'aime pas Je voudrais	habiter	à . . . en ville. à la campagne.

CONVERSATION 9

1. Où habites-tu?
2. C'est une grande ville?
3. Quelle est ton adresse? Et quel est ton numéro de téléphone?
4. Où es-tu né? Et quand es-tu né?
5. De quelle nationalité es-tu?
6. Tu aimes habiter dans ta ville ou dans ton village?

RÉVISION 9

1. Tu habites dans une ville ou dans un village?
2. Tu as toujours habité là?

PRÉPARATION 10

Décris la ville près de chez toi.

1. C'est une

grande petite belle	ville cité	importante. industrielle. touristique.	pittoresque. moderne. historique.	sur la rivière . . . au bord de la mer.

2. En ville

il y a	quelques (*some*) beaucoup de	monuments historiques.
il n'y a pas de		

Il y a . . .

une vieille église	une vieille maison	un château	un musée
une statue	une abbaye	une cathédrale	le mur de la ville

3. Il y a

quelques beaucoup de	bâtiments importants: il y a	un marché. une gendarmerie. une université. un hôpital.	des usines. (*factories*) une bibliothèque. des docks.	un zoo. une prison. un hôtel de ville (*town hall*).

4. Pour les gens sportifs, il y a

une maison des sports. un parc des sports. un centre sportif. une plage.	un terrain de golf. un terrain de football. des terrains de tennis. une piscine.	un camping. une piste d'athlétisme. un stade. une patinoire (*rink*).

5. Pour s'amuser, on va

au cinéma. au théâtre. au dancing.	au bowling. au jardin public. en discothèque.	à un club. à la foire. au cybercafé.

6.

Il y a	quelques beaucoup de	restaurants. cafés. Macdo (*fast-food places*).	magasins. supermarchés. grands magasins (*department stores*).	centres commerciaux. (*shopping centres*) zones piétonnes. (*pedestrian precincts*).
Il n'y a pas de				

CONVERSATION 10

1. Décris ta ville.
2. Quels monuments historiques y a-t-il?
3. Quels bâtiments importants y a-t-il?
4. Qu'est-ce qu'il y a pour les gens sportifs?
5. Où est-ce qu'on va pour s'amuser?
6. Comment sont les restaurants et les magasins?

RÉVISION 10

1. Comment est ta ville?
2. Quelles distractions y a-t-il?

Chez moi

PRÉPARATION 11

une maison à un étage — un pavillon — un immeuble de 9 étages.

1. J'habite dans			2.				3.
	une maison.	▶	2. Elle est	assez très	grande. petite. vieille. moderne.	▶	3. C'est un pavillon. une maison à un étage. une maison à deux étages.
	un appartement.	▶	2. Il est	assez très	grand. petit. vieux. moderne.	▶	3. Il est dans un immeuble de . . . étages.

4. Dans	la maison l'appartement	il y a	. . . chambres.		
			une grande petite belle jolie	salle de séjour salle de bains salle à manger cuisine	confortable. pratique. moderne.

5. Chez nous		
	il y a un grand petit beau	jardin de devant (*front garden*). jardin de derrière (*back garden*).
	il n'y a pas de	

6. Dans le jardin il y a	un abri	des légumes	des fleurs	une pelouse	un bassin	des fruits	une serre

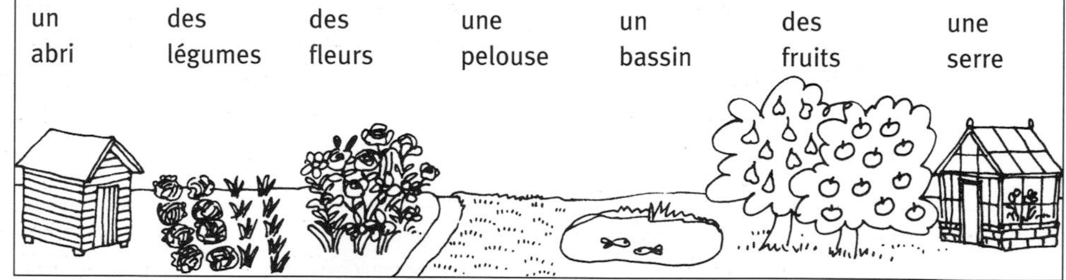

CONVERSATION 11

1. Est-ce que tu habites dans une maison ou dans un appartement?
2. Comment est ta maison/ton appartement?
3. Combien d'étages y a-t-il?
4. Nomme les pièces chez toi.
5. Est-ce qu'il y a un jardin chez toi?
6. Qu'est-ce qu'il y a dans ton jardin?

RÉVISION 11

1. Décris ta maison.
2. Décris ton jardin.

Ma chambre

PRÉPARATION 12

1. Ma chambre est —

assez très trop	grande. petite. jolie. moderne. confortable.

2. Les murs sont —
3. Les rideaux sont —

noirs.	jaunes.
bleus.	blancs.
roses.	rouges.
verts.	oranges.
bruns.	violets.
gris.	multicolores.

4.

Dans ma chambre		j'ai	un . . .
Dans Sur Sous	mon . . . ma . . . mes . . .		une . . . des . . .

Idées pour no. 4:

un / mon —

grand petit nouveau vieux joli beau	lit radiateur poster de . . . miroir téléviseur tableau tapis placard bureau (*desk*) fauteuil (*armchair*) réveil (*alarm clock*) magnétophone couvre-lit (*bedspread*) rayon poisson

une / ma —

grande petite nouvelle vieille jolie belle	chaise table table de chevet lampe radio plante photo de . . . cage à hamsters coiffeuse commode pendule (*clock*) poupée couette (*quilt*) bibliothèque collection de . . .

des / mes —

cassettes disques livres magazines vêtements ours en peluche (*teddies*) produits de beauté (*cosmetics*) lits superposés (*bunks*) jouets (*toys*) jeux (*games*) maquettes (*models*) affaires (*possessions*) bijoux (*jewellery*)

CONVERSATION 12

1. Comment est ta chambre?
2. De quelle couleur sont les murs?
3. De quelle couleur sont les rideaux?
4. Qu'est-ce que tu as dans ta chambre?

RÉVISION 12

Fais une description de ta chambre.

Les travaux de ménage

PRÉPARATION 13

1.

<table>
<tr><td rowspan="4">Le matin
(In the morning)

Le soir
(In the evening)

Le week-end
(At weekends)

Chaque jour
(Every day)

Quelquefois
(Sometimes)

De temps en temps
(From time to time)

Généralement
(Generally)</td>
<td>
je fais
mon lit</td>
<td>
je fais
la lessive</td>
<td>
je fais
la cuisine</td>
<td>
je fais
la vaisselle</td></tr>
<tr><td>
je fais
des courses</td>
<td>
je fais
le jardinage</td>
<td>
je fais
des réparations</td>
<td>
je prépare
le petit déjeuner</td></tr>
<tr><td>
je passe
l'aspirateur</td>
<td>
je mets
le couvert</td>
<td>
je repasse
les vêtements</td>
<td>
je range
ma chambre</td></tr>
<tr><td>
je nettoie
la voiture</td>
<td>
je vide
les corbeilles</td>
<td>
je m'occupe
du lave-vaisselle</td>
<td>
je donne à
manger au chien</td></tr>
</table>

2.

<table>
<tr><td>J'aime
Je déteste
Je n'aime pas
On me paie pour</td><td>ça.</td></tr>
<tr><td colspan="2">Ça va. (It's okay.)</td></tr>
</table>

CONVERSATION 13

1. Qu'est-ce que tu fais pour aider papa et maman à la maison?
2. Que penses-tu de ce travail?

RÉVISION 13

Parle-moi des travaux de ménage que tu fais.

La date et le temps

PRÉPARATION 14

1.	Aujourd'hui, c'est le	premier deux trois quatre *etc.*	janvier. mai. septembre. février. juin. octobre. mars. juillet. novembre. avril. août. décembre.
2.	Mon anniversaire, c'est le Noël, c'est le Le Nouvel An, c'est le		

1 à 1000: page 79.

3. Aujourd'hui, nous sommes	lundi.	mardi.	mercredi.	jeudi.	vendredi.	samedi.	dimanche.

4. Aujourd'hui

il fait froid.		il fait mauvais.		il fait du brouillard.	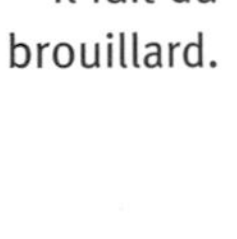
il fait chaud.		il fait du vent.		il pleut.	
il fait beau.		il fait du soleil.		il neige.	

5. Hier (*Yesterday*) 6. Samedi dernier	il faisait	froid. chaud.	beau. mauvais.	du vent. du soleil.	du brouillard.
	il pleuvait. il neigeait.				

7. Dans	mon pays ma famille ma religion	on célèbre	Pâques (*Easter*) Eid Hannukkah Divali	au printemps. en été. en automne. en hiver.

8. Ma saison préférée est	le printemps l'été l'automne l'hiver	parce qu'il	fait	beau. chaud.	froid. du soleil.
			il neige.		

CONVERSATION 14

1. Quelle est la date aujourd'hui?
2. Quelle est la date de ton anniversaire? de Noël? du Nouvel An?
3. Quel jour de la semaine sommes-nous?
4. Quel temps fait-il aujourd'hui?
5. Quel temps faisait-il hier?
6. Quel temps faisait-il samedi dernier?
7. Quelles fêtes est-ce qu'on célèbre chez toi?
8. Quelle est ta saison préférée?

En vacances

PRÉPARATION 15

En général, que fais-tu pendant les vacances?

1. Pendant les vacances

je vais nous allons	généralement quelquefois (*sometimes*) souvent (*often*)	au bord de la mer. à la campagne. à la montagne. à l'étranger (*abroad*).
je reste nous restons		à la maison. en Grande-Bretagne.

2.

Je reste Nous restons	un week-end une semaine dix jours deux semaines un mois	dans un hôtel. dans une ferme. dans une caravane. sous la tente. chez des amis.	dans un gîte (*holiday home*). chez des parents (*with relatives*). dans une auberge de jeunesse (*hostel*). dans une colonie de vacances (*holiday camp*).

3. À la plage

4. À la campagne

CONVERSATION 15

1. Où vas-tu pendant les grandes vacances?
2. Où est-ce que tu restes en vacances?
3. Qu'est-ce que tu aimes faire à la plage?
4. Que fais-tu à la campagne?

PRÉPARATION 16

Tes vacances passées:

1. L'année dernière (*Last year*) —

je suis resté(e) nous sommes allé(e)s	au bord de la mer. à la campagne. à la montagne. dans le Devon. en France. à l'étranger.
je suis resté(e) nous sommes resté(e)s	à la maison. en Grande-Bretagne.

2.

Je suis resté(e) dans un hôtel. sous la tente. chez des parents. J'ai pris des photos. des bains de soleil. J'ai nagé dans la mer. dans la rivière. J'ai fait des pique-niques. des promenades. du camping. J'ai visité la ville de . . . de ruines. des monuments. J'ai trouvé des crabes. des copains (*friends*). J'ai beaucoup mangé. dormi. J'ai acheté des souvenirs. des glaces. Je suis allé(e) à la pêche. Je me suis bien amusé(e).

CONVERSATION 16

1. Où as-tu passé les vacances l'année dernière?
2. Qu'est-ce que tu as fait là-bas?

RÉVISION 16

Comment as-tu passé les vacances de l'année dernière?

RÉVISION 15

Comment est-ce que tu passes les grandes vacances d'habitude?

PRÉPARATION 17

Tes vacances futures:

1. L'année prochaine (*Next year*) —

je voudrais (*I' d like*) je vais (*I' m going*) j'espère (*I hope*)	aller	au bord de la mer. à la campagne. à la montagne. à Blackpool. à l'étranger. en France. dans le Devon.
	rester	à la maison. en Grande-Bretagne.

2.

Je voudrais Je vais J'espère	rester dans un hôtel. sous la tente. chez des parents. prendre des photos. des bains de soleil. nager dans la mer. dans la rivière. faire des pique-niques. des promenades. du camping. visiter la ville de . . . des ruines. des monuments. trouver des crabes. des copains. beaucoup manger. dormir. aller à la pêche. m'amuser bien.

CONVERSATION 17

1. Où est-ce que tu passeras les vacances l'été prochain?
2. Qu'est-ce que tu espères faire là-bas?

RÉVISION 17

Est-ce que tu as fait des projets pour les grandes vacances?

À l'étranger

PRÉPARATION 18

Tu es allé(e) à l'étranger?

1.

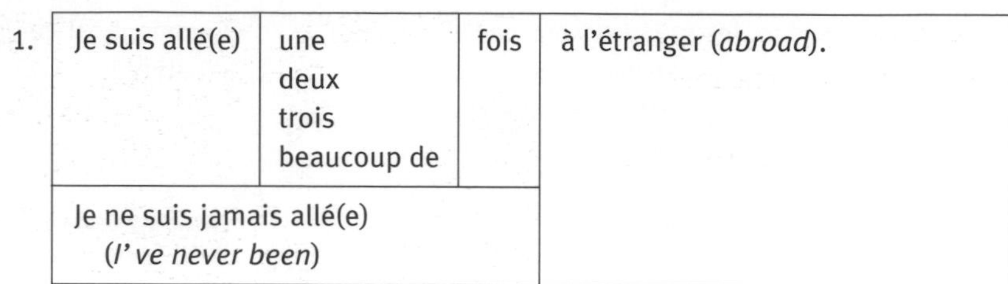

Je suis allé(e)	une deux trois beaucoup de	fois	à l'étranger (*abroad*).
Je ne suis jamais allé(e) (*I' ve never been*)			

2. Je suis allé(e) en . . .

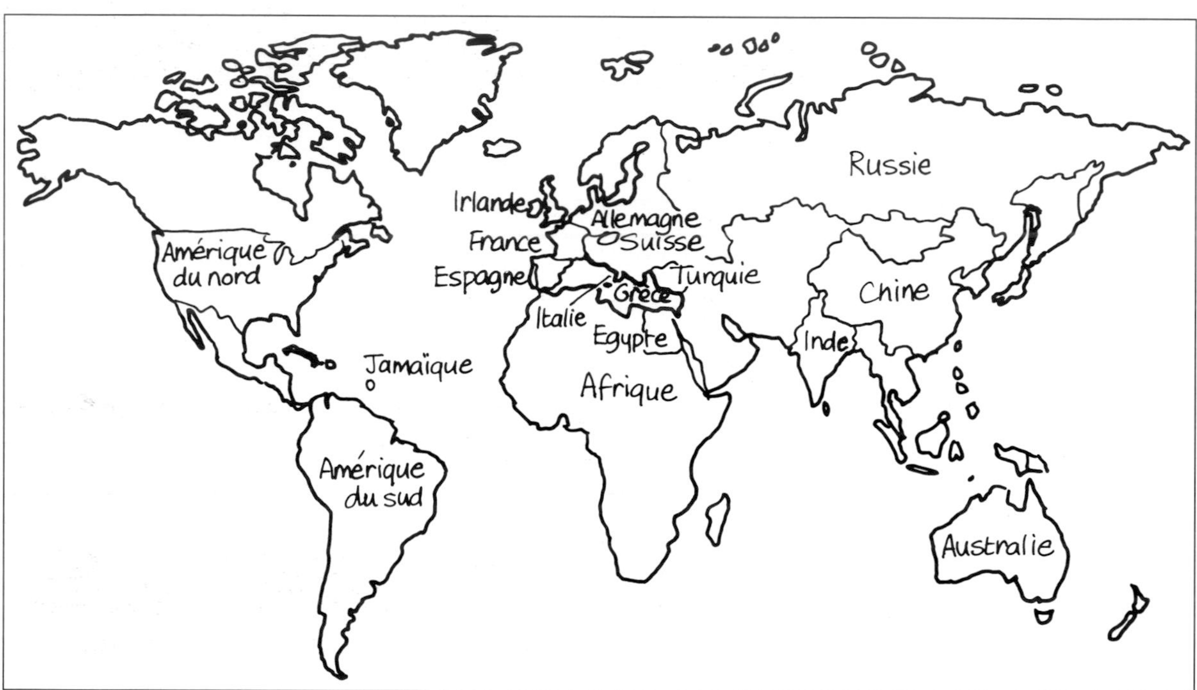

3.

Je suis allé(e)	une deux trois beaucoup de	fois	en France.
Je ne suis jamais allé(e) (*I' ve never been*)			

CONVERSATION 18

1. Combien de fois es-tu allé(e) à l'étranger?
2. Où es-tu allé(e)?
3. Es-tu jamais allé(e) en France?

RÉVISION 18

Parle-moi de tes visites à l'étranger.

PRÉPARATION 19

Décris une visite en France, ou un voyage intéressant.

1. Je suis allé(e)

2. J'ai vu / visité

Calais.	le Louvre.
Paris.	la Tour Eiffel.
Rome.	la Normandie.

3. Je suis allé(e)

en groupe scolaire.	avec des camarades.
en famille.	seul (*on my own*).

4. Je suis resté(e)

sous la tente.	chez mon correspondant.
dans un hôtel.	chez ma correspondante.

D'autres idées: à la page 18, numéro 2.

5. J'ai fait le voyage

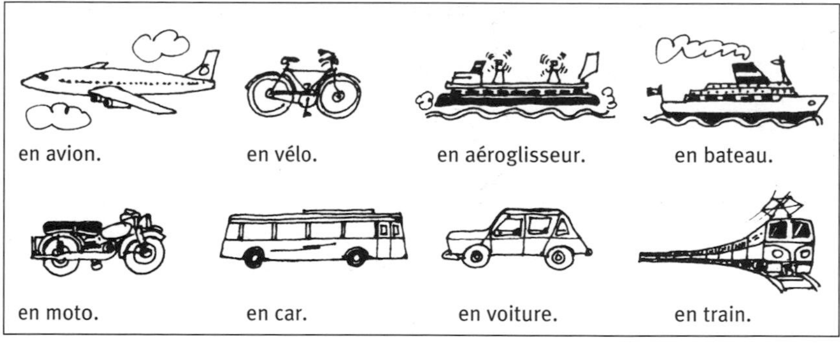

en avion.	en vélo.	en aéroglisseur.	en bateau.
en moto.	en car.	en voiture.	en train.

6. J'ai beaucoup aimé

la campagne.	les musées.	les bâtiments (*buildings*).
les plages.	la cuisine (*food*).	le paysage (*countryside*).
les montagnes.	le soleil (*sunshine*).	les distractions (*amusements*).
les magasins.	les gens (*people*).	les monuments (*sights*).

CONVERSATION 19

Décris un voyage à l'étranger:

1. Où es-tu allé(e)?
2. Qu'est-ce que tu as vu d'intéressant?
3. Avec qui y es-tu allé(e)?
4. Où es-tu resté(e)?
5. Comment as-tu fait le voyage?
6. Qu'est-ce que tu as aimé là-bas?

RÉVISION 19

Raconte-moi un séjour que tu as fait à l'étranger.

Au collège

PRÉPARATION 20

1. Au collège j'apprends
2. Ma matière préférée est

l'anglais.	la couture (*sewing*).
le français.	la cuisine (*cookery*).
l'allemand (*German*).	les mathématiques.
l'espagnol.	l'économie.
les sciences.	l'histoire.
la physique.	la géographie.
la chimie (*chemistry*).	la musique.
la biologie.	l'instruction religieuse.
le sport.	l'art dramatique (*drama*).
la gymnastique.	le dessin (*art*).
l'athlétisme.	la littérature.
la technologie.	l'informatique (*I.T.*).

3. C'est une matière

importante	et j'aime	le professeur.
nécessaire		dessiner (*drawing*).
amusante		parler (*talking*).
facile (*easy*)		jouer (*playing, acting*).
intéressante		écrire (*writing*).
utile (*useful*)		les expériences (*experiments*).
		les histoires (*stories*).
		les travaux pratiques (*practicals*).

4. Je suis en

sixième	(*age 11–12*).
cinquième	(*age 12–13*).
quatrième	(*age 13–14*).
troisième	(*age 14–15*).
seconde	(*age 15–16*).
première	(*age 16–17*).
terminale	(*age 17–18*).

5. Au collège,

j'aime	la discipline.	les cours (*lessons*).
je n'aime pas	l'uniforme.	les examens.
je déteste	les déjeuners.	les clubs.
	les devoirs.	les copains.
	le sport.	

CONVERSATION 20

1. Quelles matières est-ce que tu étudies au collège?
2. Quelle est ta matière préférée?
3. Pourquoi?
4. Tu es en quelle classe?
5. Qu'est-ce que tu aimes, et qu'est-ce que tu n'aimes pas, au collège?

RÉVISION 20

Parle-moi des matieres que tu étudies au collège.

PRÉPARATION 21

1. Mon collège est

assez (*fairly*) très trop (*too*)	grand. petit. vieux. moderne.

2. Il est situé

au centre de la ville. à la campagne. près de la campagne. en banlieue (*in the suburbs*).

3. C'est un collège

de garçons. de filles. mixte.

4. Il y a

cent deux cents cinq cents	mille douze cents deux mille	élèves.

5. Il y a

une deux trois beaucoup de	salle(s) de classe. bibliothèque(s). cour(s). piscine(s). piste(s).
un deux trois beaucoup de	bâtiment(s). gymnase(s). terrain(s) de sport. laboratoire(s). terrain(s) de tennis.

6. Je vais au collège

à pied. à vélo. en bus. à moto.	en voiture. en train. en car (*school bus*). à mobylette (*moped*).

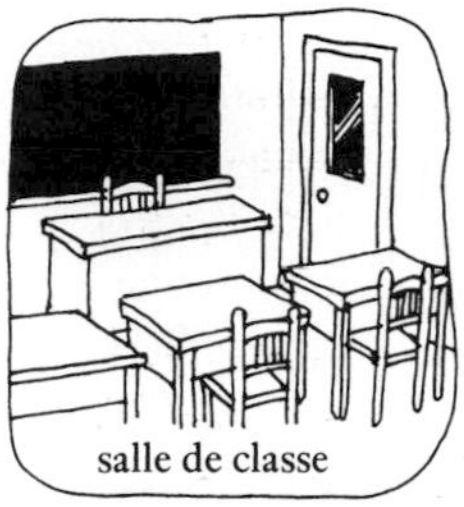
salle de classe

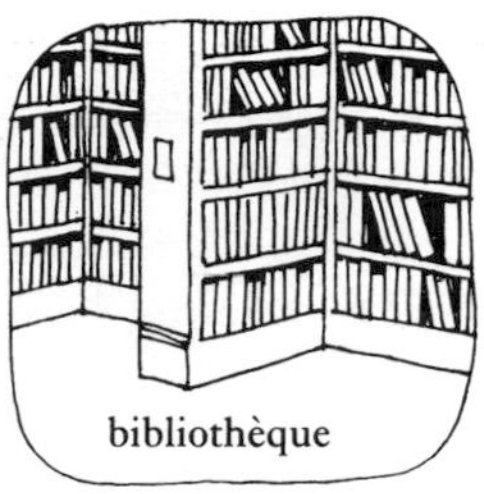
bibliothèque

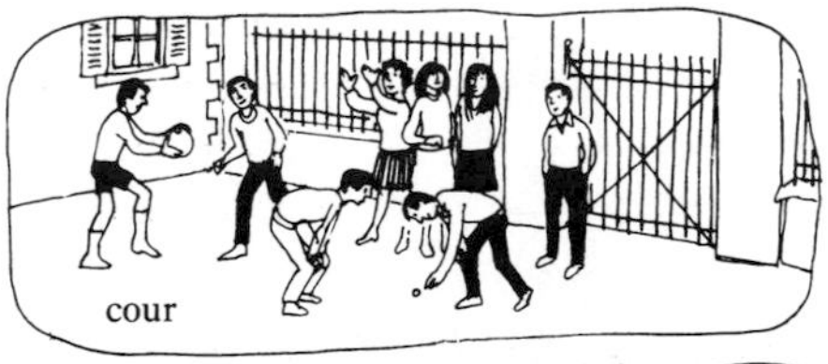
cour

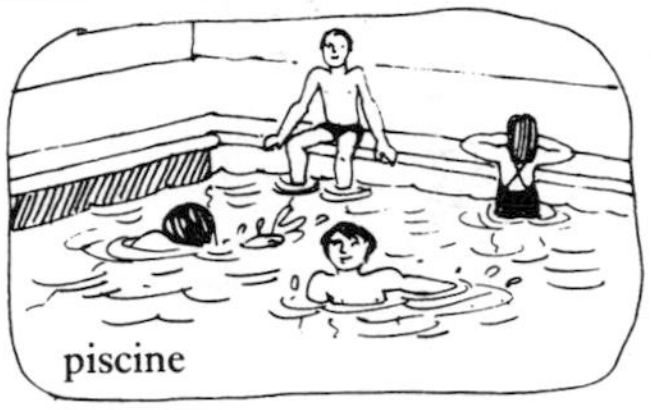
piscine

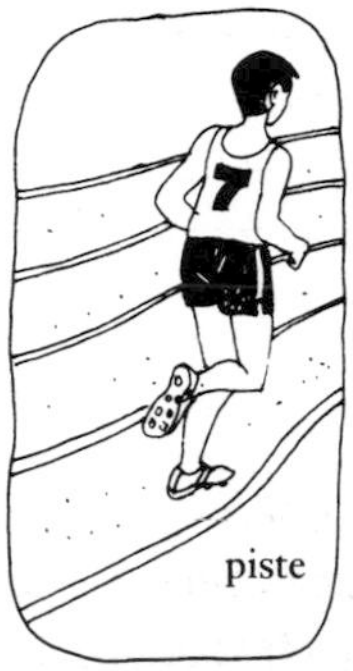
piste

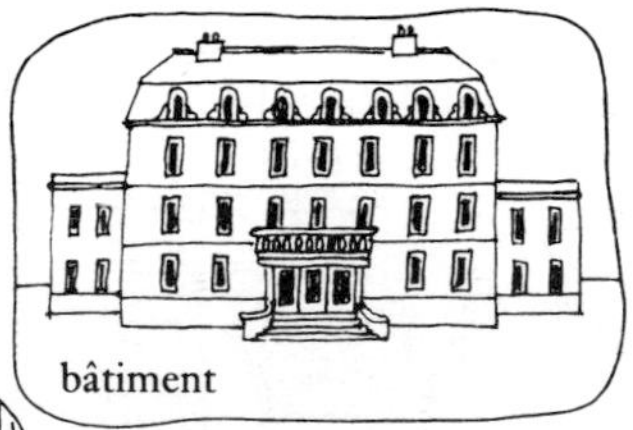
bâtiment

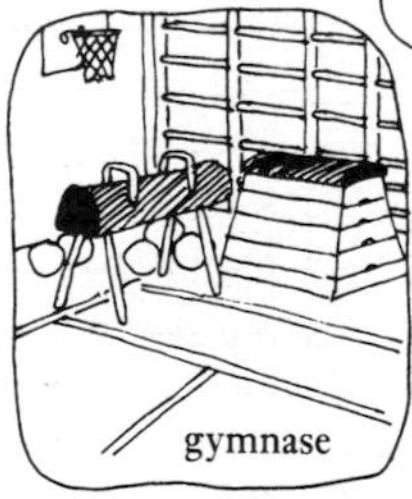
gymnase

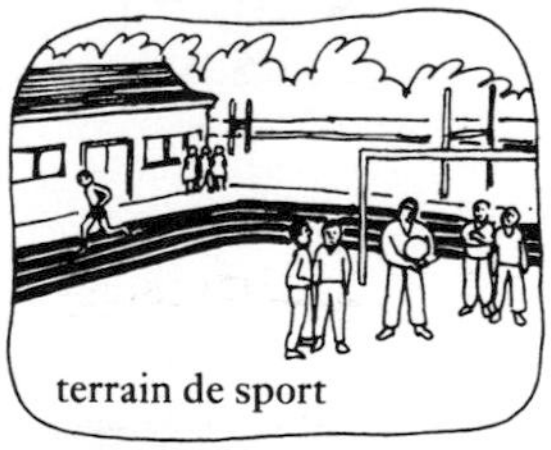
terrain de sport

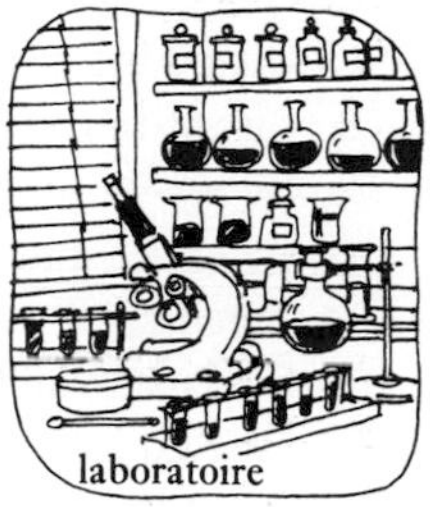
laboratoire

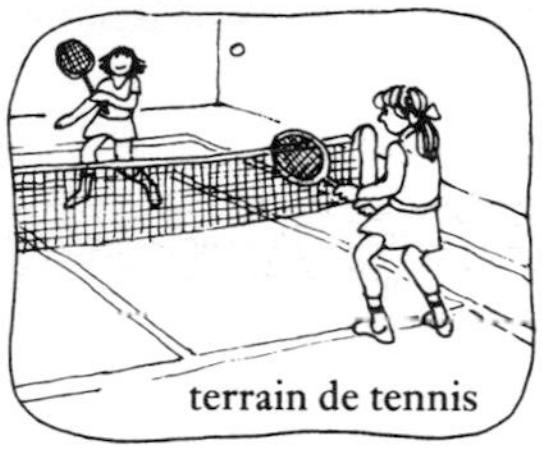
terrain de tennis

CONVERSATION 21

1. Comment est ton collège?
2. Où est-il situé?
3. C'est un collège mixte?
4. Il y a combien d'élèves?
5. Qu'est-ce qu'il y a dans ton collège?
6. Comment vas-tu au collège?

RÉVISION 21

Décris ton collège.

Mes ambitions

PRÉPARATION 22

1.

Je vais (*I'm going*) Je voudrais (*I'd like*) J'espère (*I hope*)	quitter l'école à seize ans. à dix-sept ans. à dix-huit ans. passer des examens (*to* ***take*** *exams*). rester au lycée (*to stay into the 6th Form*). aller au lycée (*to go to 6th Form College*). faire mon bac (*to take A Levels*). aller au collège. au collège technique. à l'université.

2.

Et puis, je vais je voudrais j'espère	chercher un travail. voyager. être célèbre (*to be famous*). être riche. être utile (*to be useful*). me marier. avoir des enfants. avoir des responsabilités. sauver des vies (*to save lives*). gagner beaucoup d'argent.

3.

Je voudrais	être . . .* travailler . . .**
Je ne sais pas encore ce que je veux faire.	

*Liste A à la page 25.
**Liste B à la page 25.

4.

Mon père Ma mère Mon frère . . . Ma sœur . . .	est . . .* travaille . . .** ne travaille pas. va à l'école. est encore un bébé.

*Liste A à la page 25.
**Liste B à la page 25.

CONVERSATION 22

1. Quand est-ce que tu vas quitter l'école?
2. Qu'est-ce que tu veux faire ensuite?
3. Qu'est-ce que tu veux faire dans la vie?

4a. Qu'est-ce que ton père fait dans la vie?
4b. Ta mère, est-ce qu'elle travaille?
4c. Quel est le métier de ton frère?
4d. Est-ce que ta sœur va toujours à l'école?

RÉVISION 22

1. Qu'est-ce que tu vas faire quand tu quitteras l'école?
2. Parle-moi des métiers dans ta famille.

LISTE A

accountant comptable
actor acteur
actress actrice
air hostess hôtesse de l'air
apprentice apprenti(e)
architect architecte
author auteur
bank clerk employé(e) de banque
boss patron(ne)
builder constructeur
bus conductor receveur
bus driver conducteur d'autobus
business man homme d'affaires
business woman femme d'affaires
caretaker concierge
carpenter menuisier
cashier caissier (caissière)
chemist pharmacien (pharmacienne)
civil servant fonctionnaire
cleaning lady femme de ménage
coach driver conducteur de car
cook chef de cuisine (cuisinière)
dancer danseur (danseuse)
dentist dentiste
designer dessinateur (dessinatrice)
detective détective
director directeur
docker docker
doctor médecin
electrician électricien(ne)
engineer ingénieur
farmer fermier (fermière)
farm worker auxiliaire agricole
fireman pompier
fisherman pêcheur
footballer joueur de football
gamekeeper garde-chasse
garage worker garagiste
hairdresser coiffeur (coiffeuse)
headmaster directeur
headmistress directrice
hotel keeper hôtelier (hôtelière)
housewife ménagère
inspector inspecteur
journalist journaliste
librarian bibliothécaire
lorry driver routier (routière)
mechanic mécanicien (mécanicienne)
milkman laitier
miner mineur
model mannequin
musician musicien (musicienne)
nurse infirmier (infirmière)
office worker employé(e)
painter/decorator peintre-décorateur
pilot pilote
photographer photographe
plumber plombier
policeman agent de police
policewoman femme-agent
postman facteur
racing driver pilote de course
receptionist réceptionniste
rep représentant(e)
reporter reporter
retired retraité(e)
sailor marin
schoolboy écolier
schoolgirl écolière
secretary secrétaire
shopworker vendeur (vendeuse)
shorthand-typist sténo-dactylo
singer chanteur (chanteuse)
social worker assistant social (assistante sociale)
soldier soldat
solicitor avocat
star vedette
student étudiant(e)
taxi driver chauffeur de taxi
teacher (secondary school) professeur
teacher (primary school) instituteur (institutrice)
technician technicien (technicienne)
telephonist standardiste
typist dactylo
unemployed chômeur (chômeuse)
usherette ouvreuse
vet vétérinaire
waiter garçon de café
waitress serveuse

LISTE B

dans une banque
dans un magasin
dans un garage
dans un hôpital
dans un bureau
dans un hôtel
dans un café
dans un restaurant
dans une cantine
dans un bar
dans une école
dans un collège
dans une université
dans une maison de commerce (*firm*)
dans une usine (*factory*)
dans un bateau
dans un aéroport
dans un atelier (*workshop*)
dans une maison de retraite (*old people's home*)

à une ferme
à la maison
à l'étranger (*abroad*)
à l'hôtel de ville (*at the town hall*)
à Londres
à la campagne
au palais de justice (*at the law courts*)
aux docks
aux chemins de fer (*on the railways*)
aux PTT (*for the Post Office*)

en plein air (*out of doors*)
en ville
près d'ici

avec le public
avec des animaux
avec des chevaux
avec des enfants
avec des personnes âgées
avec les handicapés
avec des ordinateurs (*computers*)

pour le gouvernement
pour un journal
pour un magazine
seul (*alone*)

Ma journée

PRÉPARATION 23

1. Je me réveille
2. Je me lève
3. Je prends le petit déjeuner
4. Je quitte la maison
5. J'arrive au collège
6. Le premier cours commence
7. Le dernier cours finit
8. Je rentre à la maison
9. Je fais mes devoirs
10. Je me couche

à vers	une heure deux heures trois heures quatre heures cinq heures six heures sept heures huit heures neuf heures dix heures onze heures midi minuit

moins cinq
moins dix
moins le quart
moins vingt
moins vingt-cinq
et demie
vingt-cinq
vingt
et quart
dix
cinq

vite

lentement

tout de suite (*at once*)

d'habitude (*usually*)

de bonne heure (*early*)

à l'heure (*on time*)

en retard (*late*)

très tard dans la nuit (*late at night*)

dix minutes plus tard (*ten minutes later*)

une demi-heure plus tard

une heure plus tard

juste à temps (*just in time*)

à toute vitesse (*at top speed*)

CONVERSATION 23

1. À quelle heure est-ce que tu te réveilles?
2. Tu te lèves tout de suite?
3. Est-ce que tu prends le petit déjeuner?
4. À quelle heure est-ce que tu quittes la maison?
5. À quelle heure est-ce que tu arrives au collège?
6. Le premier cours commence à quelle heure?
7. Le dernier cours finit à quelle heure?
8. Tu rentres à la maison à quelle heure?
9. Est-ce que tu fais tes devoirs?
10. Tu te couches vers quelle heure?

RÉVISION 23

Qu'est-ce que tu fais pendant une journée typique?

Une journée passée

PRÉPARATION 24

Décris une journée d'école récente.

1.

Hier Vendredi dernier	je me suis réveillé(e) je me suis levé(e) j'ai pris le petit déjeuner j'ai quitté la maison je suis arrivé(e) au collège je suis rentré(e) à la maison j'ai fait mes devoirs je me suis couché(e)	à vers	. . . heures . . .

Qu'est-ce que tu as fait samedi dernier?
Idées:

2. Samedi dernier

j'ai regardé	la télévision. un film.	J'ai vu '. . .'.
j'ai écouté	la radio. des CDs.	
j'ai joué	du piano. au football.	
j'ai fait	du sport. mes devoirs.	
j'ai lu	un livre. un magazine.	
j'ai travaillé	pour papa et maman. pour gagner de l'argent.	
je suis allé(e)	en ville. chez un ami.	
je suis resté(e)	à la maison. au lit.	

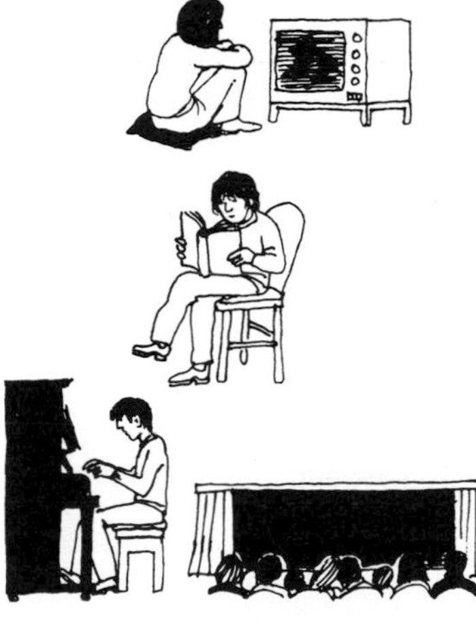

Quelles sont tes opinions sur tes activités de samedi dernier?

3.

C'était	☺	cool. bien. super. génial. (*brilliant*) fantastique. rigolo (*funny*).	☹	nul (*rubbish*). idiot. moche. (*pathetic*) bête (*stupid*). ennuyeux. (*boring*)	😐	pas mal. (*not bad*)

CONVERSATION 24

1. a. À quelle heure tu t'es réveillé(e) hier?
   b. Tu t'es levé(e) tout de suite?
   c. Est-ce que tu as pris le petit déjeuner?
   d. Tu as quitté la maison à quelle heure?
   e. À quelle heure es-tu arrivé(e) au collège?
   f. À quelle heure est-ce que tu es rentré(e) à la maison?
   g. Est-ce que tu as fait tes devoirs?
   h. Vers quelle heure tu t'es couché(e)?
2. Qu'est-ce que tu as fait samedi dernier?
3. C'était bien?

RÉVISION 24

1. Qu'est-ce que tu as fait hier?
2. Qu'est-ce que tu as fait samedi dernier?

Bonjour et merci

DIALOGUE 1

Steve, un Anglais, arrive chez la famille de son copain Jean-Yves.

JEAN-YVES Salut, Steve! Ça va?
STEVE *Salut, Jean-Yves. Oui, ça va, merci.*
JEAN-YVES Entre donc. Je te présente mon frère Pascal.
STEVE *Bonjour, Pascal.*
JEAN-YVES Et voici mes parents.
STEVE *Enchanté, madame, monsieur. Voici un petit cadeau pour toi.*

MADAME Et maintenant, à table. Bon appétit!
STEVE *Bon appétit!*

STEVE Ah, c'était délicieux.
MADAME J'en suis très contente, Steve. Vous voulez du café?
STEVE *Oui, s'il vous plaît.*
MADAME Cinq cafés, alors.
STEVE *Puis-je vous aider?*
MADAME Non merci – restez là, Steve.

MADAME Voilà le café.
STEVE *Merci beaucoup, madame.*
MONSIEUR Steve: une cigarette?
STEVE *Non merci, monsieur.*

MONSIEUR Onze heures! On ferme l'auberge à onze heures et quart.
STEVE *Ah oui. Merci bien, madame. Je me suis bien amusé. Bonsoir, Pascal. Au revoir, Jean-Yves.*

MONSIEUR Montez dans la voiture. Je vous emmène à l'auberge.
STEVE *Oh, c'est trèst gentil, monsieur.*

MONSIEUR Eh bien, voilà l'auberge. Bonne nuit, Steve.
STEVE *Bonne nuit, monsieur.*

EXERCICE 1

Trouve la bonne phrase pour chaque image 1 à 5.

Bonjour.	Bon appétit.	Bonne nuit.
Bonsoir.	Bon voyage.	

EXERCICE 2

Recopie et complète la grille. Trouve la phrase mystère.

1. I've had a good time.
2. Pleased to meet you.
3. Goodbye.
4. It was delicious.
5. Yes please
6. Enjoy your meal.
7. Can I help you?
8. That's very kind.
9. No thanks.

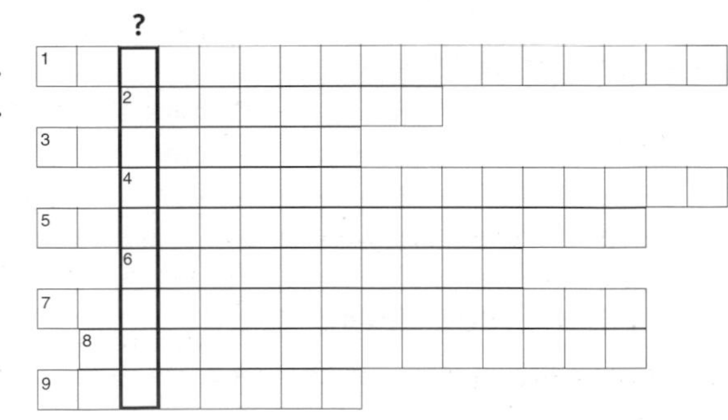

EXERCICE 3

Complète les phrases.

1. C'est
2. Je me suis
3. Merci
4. C'était
5. Puis-je
6. Bon
7. Vous voulez
8. Voici un cadeau

bien amusé.
délicieux.
très gentil.
beaucoup.
appétit!
vous aider?
pour vous.
du café?

EXERCICE 4

«Oui s'il vous plaît» ou «Non merci»?

You don't smoke, don't drink, and coffee keeps you awake at night. But you're hungry and thirsty.

1. Un cigare?
2. Un sandwich?
3. Un verre de vin?
4. Une tasse de café?
5. Du thé?
6. Une cigarette?

EXERCICE 5

Imagine! Paul, un jeune Français arrive chez toi. Présente Paul à chaque personne qui habite à la maison. Exemples:

La famille: à la page 3.

DIALOGUE 2

Tu vas faire un pique-nique avec la famille de ta copine Françoise.

1. Say 'Hello, how are you' to Françoise.
2. Say 'Hello' to monsieur.
3. Say you're pleased to meet madame.
4. You hope they enjoy their meal.
5. Say 'Yes, please'.
6. Say 'Yes, it was delicious'.
7. Ask if you can help.
8. Say 'No, thanks'.
9. Thank her.
10. Tell him you've had a good time.
11. Say 'Yes, that's very kind'.
12. Wish monsieur 'Good night'.

FRANÇOISE Tiens, salut!
TOI . . . 1 . . .?
FRANÇOISE Oui, ça va merci. Voici mon père.
TOI . . . 2 . . .
FRANÇOISE Et je te présente ma mère.
TOI . . . 3 . . .

MADAME Le pique-nique est prêt. Bon appétit!
TOI . . . 4 . . .
MADAME Vous voulez encore un morceau de fromage?
TOI . . . 5 . . .
MADAME J'espère que vous avez aimé le pique-nique.
TOI . . . 6 . . .!

MADAME Maintenant je vais préparer le café.
TOI . . . 7 . . .?
MADAME Merci beaucoup – oui, comme ça. Du sucre?
TOI . . . 8 . . .
MADAME Voilà votre café.
TOI . . . 9 . . .

MONSIEUR Vous vous êtes amusé chez nous?
TOI . . . 10 . . .
MONSIEUR Voulez-vous dîner chez nous demain?
TOI . . . 11 . . .
MONSIEUR À demain, alors. Bonne nuit!
TOI . . . 12 . . .

➪ Encore: Dialogues 51 et 52, à la page 65.

À quelle heure part le train?

DIALOGUE 3

EMPLOYÉ Oui, monsieur?
VOYAGEUR Je voudrais réserver une place dans le train pour Dieppe, samedi prochain.
EMPLOYÉ Oui, monsieur. Vous voulez partir quand?
VOYAGEUR À quelle heure est-ce qu'il y a un train?
EMPLOYÉ Il y en a un à midi.
VOYAGEUR Est-ce qu'il y a un train plus tard?
EMPLOYÉ Mais oui; à dix-huit heures trente.
VOYAGEUR Oui, ça va.

DIALOGUE 4

EMPLOYÉE Puis-je vous aider?
PASSAGER Est-ce qu'il y a un autobus pour Fécamp aujourd'hui?
EMPLOYÉE Oui, monsieur, il y en a beaucoup.
PASSAGER À quelle heure part le prochain?
EMPLOYÉE À dix heures quarante.
PASSAGER Et à quelle heure est-ce que l'autobus arrive à Fécamp?
EMPLOYÉE À douze heures dix, monsieur.

EXERCICE 1

Invente une question pour chaque phrase en images 1 à 5.

À quelle heure	part	le train l'autobus le bateau	pour	Paris? la gare? Folkestone?
	est-ce que	l'avion le car	arrive à	Heathrow? Nice?

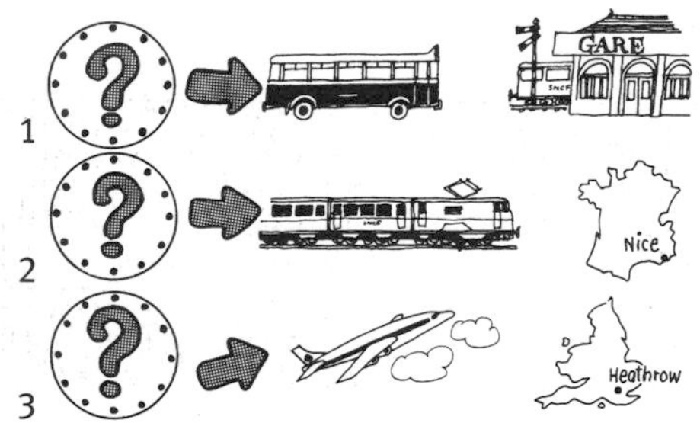

EXERCICE 2

Fais les réservations pour Calais:

Je voudrais réserver	une place une cabine	dans	le train le bateau l'avion le car	pour Calais	demain. samedi soir. dimanche. le 20 août.

1.

2.

3.

4.

EXERCICE 3

On va encore une fois à Calais.

Est-ce qu'il y a un Est-ce qu'il y a un autre À quelle heure est-ce qu'il y a un À quelle heure part le prochain	train autobus bateau car avion	pour Calais	ce matin? ce soir? aujourd'hui? plus tard?

DIALOGUE 5

Tu veux réserver une place dans un ferry pour l'Angleterre.

1. Say you'd like to reserve a place on the boat for Portsmouth on the 20th August.

2. Ask what time there's a boat.

3. Ask if there's a later boat.

DIALOGUE 6

Tu vas à Cherbourg en train pour prendre le ferry.

1. Demande s'il y a un train ce matin.

2. Demande l'heure du départ du train.

3. Demande l'heure d'arrivée à Cherbourg.

➪ Encore: Dialogues 53 et 54, à la page 65.

Est-ce que ce train va à Paris?

DIALOGUE 7

Au guichet

EMPLOYÉ	Oui mademoiselle?
JEUNE FILLE	*Un aller-retour pour Paris, s'il vous plaît.*
EMPLOYÉ	Voilà, mademoiselle. Cinquante francs.
JEUNE FILLE	*Où est-ce que je change pour Paris?*
EMPLOYÉ	Mais vous ne changez pas. C'est un train direct.
JEUNE FILLE	*Pour aller à Paris, c'est quel quai?*
EMPLOYÉ	Quai numéro un, mademoiselle.

Sur le quai

JEUNE FILLE	*Est-ce que ce train va à Paris?*
VOYAGEUR	À Paris? Bien sûr, mademoiselle.

DIALOGUE 8

Dans la rue

TOURISTE	*Excusez-moi madame.* *Pour aller à l'Arc de Triomphe, c'est quel autobus?*
PASSANTE	C'est le vingt-deux.

Dans l'autobus

TOURISTE	*Est-ce que cet autobus va à l'Arc de Triomphe?*
RECEVEUR	Oui, l'Arc de Triomphe et l'Opéra.
TOURISTE	*Où est-ce que je descends pour l'Arc de Triomphe?*
RECEVEUR	Vous descendez à la place Charles de Gaulle.

EXERCICE 1

Tu fais un tour de 7 jours en train. Achète 7 billets.

<table>
<tr><td colspan="2">Est-ce que je dois changer
Où est-ce que je change
Où est-ce que je descends (get off)</td><td rowspan="2">pour</td><td rowspan="2">la Tour Eiffel.
le Sacré Cœur.
Valenciennes.
Reims.</td><td rowspan="2">?</td></tr>
<tr><td>Un aller simple
Un aller-retour</td><td>première classe
deuxième classe</td></tr>
<tr><td colspan="5">Un carnet. (A booklet with Paris bus or underground tickets is cheaper than individual tickets.)</td></tr>
</table>

DIMANCHE

LUNDI

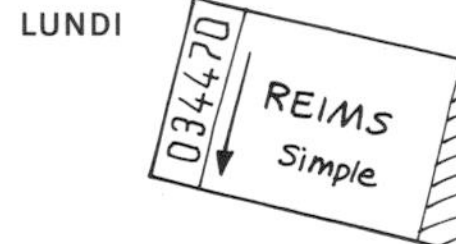

MARDI

MERCREDI

JEUDI

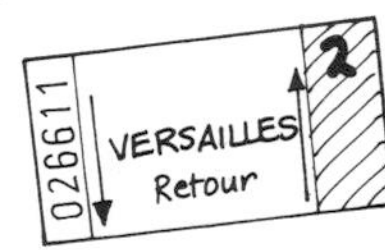

VENDREDI

SAMEDI

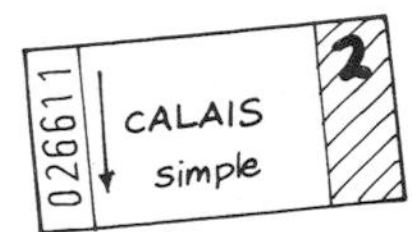

+ Je change?

EXERCICE 2

« Où est-ce que je descends . . .? »

EXERCICE 3

Exemple

Paris

Pour aller à Paris, c'est quel quai?

Pour aller à . . ., c'est quel	quai?	train?
	autobus?	bateau?

1. CALAIS 
2. NICE
3. L'ARC DE TRIOMPHE 
4. NEWHAVEN 
5. LA TOUR EIFFEL 
6. DIEPPE 

EXERCICE 4

Est-ce que cet autobus	va à	Paris?
ce train		Southampton?
ce bateau		Rouen?
ce car		la Tour Eiffel?

Invente les questions des voyageurs.

DIALOGUE 9

Tu es au guichet d'une gare. Tu pars pour Calais en train.

In the ticket office:

1. Ask for a single for Calais.
2. Ask where you change for Calais.
3. Ask which platform it is for Amiens.

In the train:

4. Ask if this train goes to Amiens.

EMPLOYÉ	Vous désirez?
TOI	. . . 1 . . .
EMPLOYÉ	Un aller simple pour Calais – ça fait quarante-cinq francs.
TOI	. . . 2 . . .?
EMPLOYÉ	Vous changez à Amiens.
TOI	. . . 3 . . .?
EMPLOYÉ	Quai numéro deux à treize heures trente.
TOI	. . . 4 . . .?
VOYAGEUR	À Amiens? Oui, je crois.

DIALOGUE 10

Tu vas à la tour Eiffel en bus.

1. Demande quel bus tu dois prendre.
2. Vérifie la destination du bus.
3. Demande où tu dois descendre.

➪ Encore: Dialogues 55 et 56, à la page 66.

C'est combien?

DIALOGUE 11

Martin fait du camping en France. Il achète son petit déjeuner.

MARTIN *Je voudrais du café, du sucre, des œufs et de la confiture.*
VENDEUR Voyons . . . un paquet de café, un kilo de sucre, une douzaine d'œufs et . . . un pot de confiture. Ça va?
MARTIN *Oui. Et avez-vous des croissants et du pain?*
VENDEUR Du pain, oui. Mais je n'ai pas de croissants.
MARTIN *Alors, c'est tout. Ça fait combien?*
VENDEUR Ça fait 9F50 en tout.

DIALOGUE 12

Au marché

VIEIL HOMME *C'est combien, les pommes de terre?*
MARCHANDE Les pommes de terre sont à 2F50 le kilo.
VIEIL HOMME *Et avez-vous des champignons?*
MARCHANDE Oui, les voilà, à 8F50 la livre.
VIEIL HOMME *Alors, je voudrais une pomme de terre.*
MARCHANDE Une pomme de terre? C'est tout?
VIEIL HOMME *Mais non. Donnez-moi aussi un champignon.*
MARCHANDE Une pomme de terre et un champignon! Ça fait 50 centimes.
VIEIL HOMME *Merci madame. Au revoir madame.*
MARCHANDE Au revoir, monsieur. Bon appétit!

EXERCICE 1

C'est combien,	le pain	le melon	les oignons	les champignons	?
	le café	le raisin	les tomates	les choux-fleurs	
	le sucre	les pêches	les carottes	les petits pois	
	les choux	les pommes	les bananes	les pommes de terre	
	les œufs	les poires	les cerises		
	le céleri	les oranges	les fraises	les croissants	

«C'est combien, . . .?»

EXERCICE 2

Avez-vous	du pain	un melon	des oignons	des champignons
Je voudrais	du café	du raisin	des tomates	des choux-fleurs
	du sucre	des pêches	des carottes	des petits pois
Donnez-moi aussi	un chou	des pommes	des bananes	des pommes de terre
	des œufs	des poires	des cerises	
	du céleri	des oranges	des fraises	des croissants

«Avez-vous . . .?»

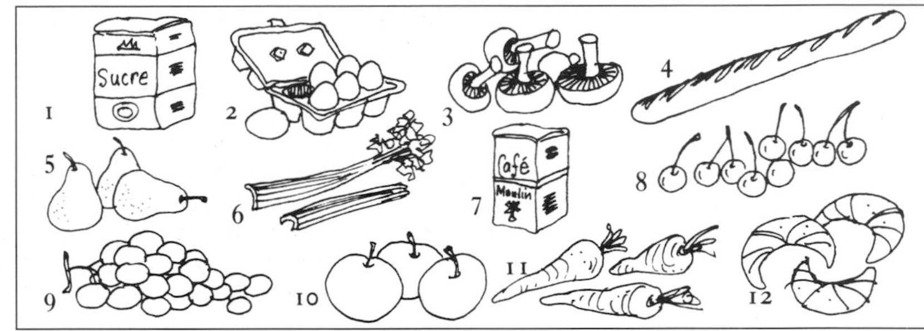

EXERCICE 3

«Je voudrais . . ., et donnez-moi aussi . . .»

1. 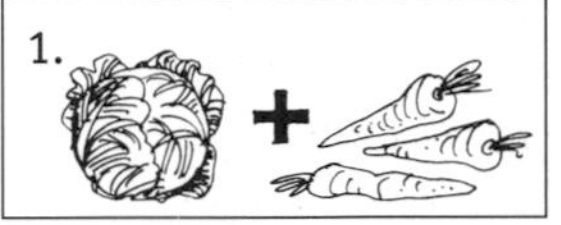

2. 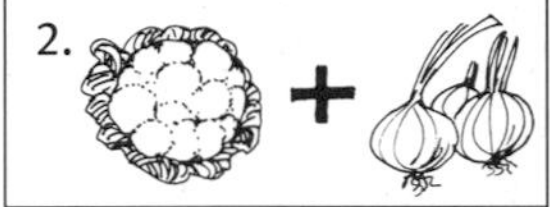

3. 

4. 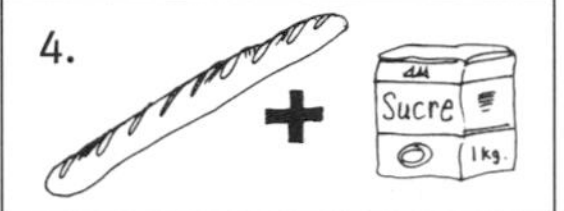

DIALOGUE 13

À l'épicerie

1. Ask how much the eggs are.
2. Ask if he has any bread.
3. Say you'd like six eggs.
4. Ask him to give you some sugar as well.

ÉPICIER Puis-je vous aider?
VOUS . . . 1 . . .?
ÉPICIER 7F40 la douzaine.
VOUS . . . 2 . . .?
ÉPICIER Des petits pains seulement.
VOUS . . . 3 . . .
ÉPICIER Et avec ça?
VOUS . . . 4 . . .
ÉPICIER Un paquet de sucre . . .
Oui, voilà.

DIALOGUE 14

Au marché

MARCHAND

TOI: 1. Achète: 2. Demande s'il a . . . 3. Réponds que oui, et demande . . .

➪ Encore: Dialogues 57 et 58, à la page 67.

Je voudrais un paquet de biscuits

DIALOGUE 15

John, Stewart, Gareth et Tim ont invité des filles françaises à déjeuner sous leur tente. Ils achètent des provisions simples à préparer.

À l'épicerie

ÉPICIER Bonjour monsieur.
JOHN *Bonjour monsieur. Je voudrais une boîte de sardines, un pot de yaourt, un paquet de biscuits et du fromage.*
ÉPICIER Quel fromage, monsieur? J'ai du brie, du camembert . . .
JOHN *Du port-salut, s'il vous plaît.*
ÉPICIER C'est tout?
JOHN *Non, donnez-moi aussi deux litres de bière et une bouteille de cidre.*

À la charcuterie

CHARCUTIER Vous désirez, monsieur?
STEWART *Je voudrais deux cents grammes de pâté et un demi-kilo de jambon, s'il vous plaît.*
CHARCUTIER Une livre de jambon et du pâté . . . voilà.
STEWART *Et cinq cents grammes de saucisson, aussi.*
CHARCUTIER Une livre de saucisson, oui monsieur.
STEWART *Ça – 'quiche' – qu'est-ce que c'est que ça?*
CHARCUTIER C'est une sorte de flan au fromage avec du jambon.
STEWART *Deux portions de quiche, s'il vous plaît.*

À la boulangerie-pâtisserie

BOULANGÈRE Et pour vous, monsieur?
GARETH *Comment s'appelle ça?*
BOULANGÈRE Ce pain-là? C'est une baguette.
GARETH *Ah oui. Deux baguettes, s'il vous plaît. Et deux gâteaux comme ça.*
BOULANGÈRE Oui. Ça fait 9F30.
GARETH *Comment s'appelle ce gâteau?*
BOULANGÈRE C'est un éclair.

Au marché

MARCHANDE Oui, jeune homme?
TIM *Je voudrais un melon, s'il vous plaît.*
MARCHANDE Un melon – voilà. Il est assez gros – ça va?
TIM *Oui, ça va. Et donnez-moi aussi des cerises.*
MARCHANDE Un kilo de cerises?
TIM *Oui, c'est ça.*

EXERCICE 1

Comment	s'appelle	ça? ce gâteau? ce fromage?
	s'appellent	ces bonbons? ces biscuits?

Demande les noms.

EXERCICE 2

Complète cette conversation avec des mots du Dialogue 15.
1 – = 1 lettre

CLIENTE	Comment s'appelle _ _?
CHARCUTIER	C'est de la quiche.
CLIENTE	Deux morceaux de quiche, s'il vous plaît.
CHARCUTIER	Deux grands morceaux, _ _ _ _ _ _ _?
CLIENTE	Oui, _ _ _ _. Et donnez-moi aussi une pizza.
CHARCUTIER	Cette pizza-ci, aux champignons?
CLIENTE	Oui, _'_ _ _ _ _.

EXERCICE 3

Une boîte de (*box* or *tin*)	sardines chocolats
un pot de	confiture yaourt
un paquet de	biscuits chips (*crisps*) bonbons
une bouteille de un litre de	Coca-Cola limonade bière cidre lait vin
une portion de	frites
un morceau de (*piece*)	quiche pizza tarte
cinq tranches de (*slices*) cinq cents grammes de = une livre de = un demi-kilo de un kilo de	saucisson fromage pâté salami jambon (*ham*)

Je voudrais . . .

EXERCICE 4

Recopie la grille. Complète-la avec des mots de l'exercice 2.

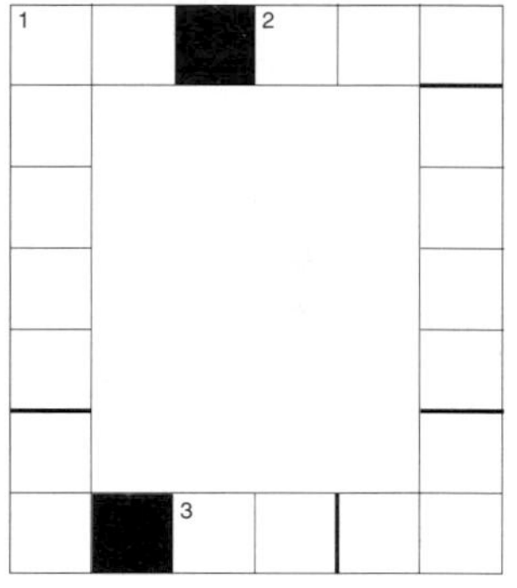

1. (Across) That (2).
1. (Down) Like that (5,2).
2. Yes, that's right (3,4,2).
3. That'll do (2,2).

DIALOGUE 16

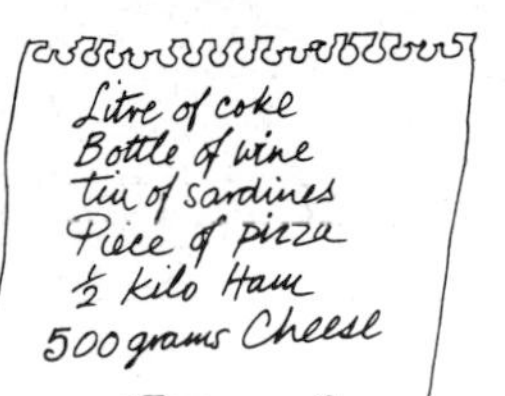

1. Achète les provisions sur ta liste.
2. Accepte le fromage qu'il offre.
3. Demande le nom d'un objet que tu indiques.
4. Accepte le pot de yaourt.

L'ÉPICIER	Qu'y a-t-il pour votre service?
TOI	. . . 1 . . .
L'ÉPICIER	Voilà 500 grammes de roquefort. Ça va?
TOI	. . . 2 . . .
L'ÉPICIER	Voilà. C'est tout?
TOI	. . . 3 . . .?
L'ÉPICIER	C'est du yaourt. Vous en voulez un pot?
TOI	. . . 4 . . .

➪ Encore: Dialogues 59 et 60, à la page 67.

Où est le rayon des vêtements?

DIALOGUE 17

Catherine a acheté une bague. Maintenant elle cherche une bague pour sa sœur.

VENDEUR	Mademoiselle?
CATHERINE	*Je voudrais voir des bagues, s'il vous plaît.* *Je cherche un cadeau pour ma sœur.*
VENDEUR	Par ici, mademoiselle. Quel genre de bague cherchez-vous?
CATHERINE	*Avez-vous une bague comme ça?*
VENDEUR	Oui, en voilà une. Ça vous va?
CATHERINE	*Ah non, c'est trop grand.*
VENDEUR	Désolé, mademoiselle. C'est tout ce que nous avons dans ce style-là.

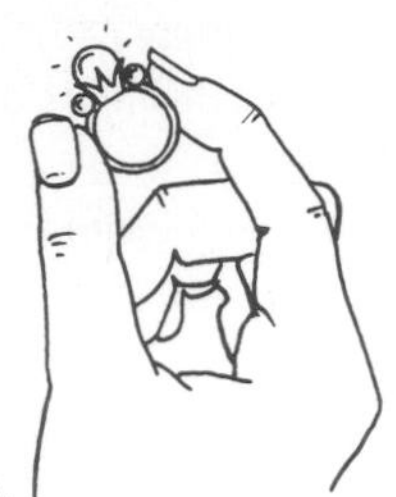

DIALOGUE 18

David est dans le grand magasin «Printemps» à Paris.

1er VENDEUR	Oui, monsieur?
DAVID	*Où est le rayon des vêtements, s'il vous plaît?*
1er VENDEUR	Au deuxième étage, monsieur.
DAVID	*Je voudrais essayer ce manteau.*
2ème VENDEUR	Bien sûr, monsieur. Il est très élégant, très chic.
DAVID	*Oui, je l'aime bien. C'est combien, le manteau?*
2ème VENDEUR	Il est en vrai cuir, très à la mode. Il coûte deux mille francs.
DAVID	*Deux mille francs! Ah non, c'est trop cher!* *Avez-vous quelque chose de moins cher?*
2ème VENDEUR	Non monsieur, je regrette.

EXERCICE 1

A Dans le grand magasin «Printemps»
«Où est le rayon . . .?»

PRINTEMPS
EMPLACEMENT DES RAYONS

RAYON	ETAGE
Rayon des bagages	3°
Rayon des disques	1°
Rayon électro-ménager	8°
Rayon des jouets	3°
Rayon de parfumerie	RC
Rayon photo	1°
Rayon des souvenirs	RC
Rayon des vêtements	2°

B En arrivant au rayon:
«Je voudrais . . .»

Je voudrais	acheter essayer voir	un sac. ce T-shirt. des poupées. ce CD.	du parfum. des posters. un film couleur. des piles pour mon transistor.

EXERCICE 2

Je cherche un cadeau pour	ma mère. mon père. ma grand-mère.	ma copine Pauline. un garçon de 12 ans. une fille de 9 ans.
Avez-vous	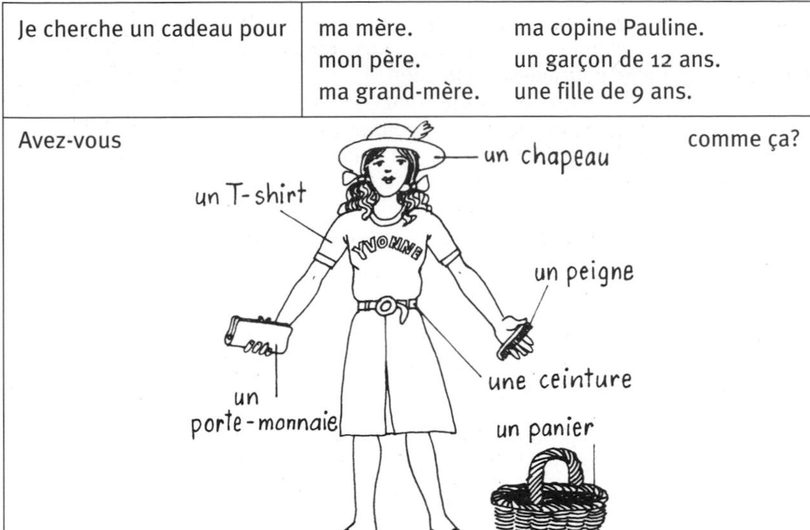	comme ça?

«Je cherche . . .
Avez-vous . . . comme ça?»

1 mère 

2 grand-mère 

3 père 

4 copine 

5 garçon de 12 ans 

6 fille de 9 ans 

EXERCICE 3

C'est trop	cher. grand. petit.

Avez-vous quelque chose de

moins plus	cher? grand? petit?

DIALOGUE 19

Tu cherches un nouveau sac.

1. Demande où est le rayon que tu cherches:
2. Explique ce que tu voudrais acheter:
3. Demande: '. . . comme ça?'
4. Refuse quand il dit le prix.

➪ Encore: Dialogues 61 et 62, à la page 68.

Au syndicat d'initiative

DIALOGUE 20

Lundi, Steve arrive à Rouen. Il va au syndicat d'initiative (l'office de tourisme). Il cherche une auberge de jeunesse.

EMPLOYÉE Bonjour monsieur.
STEVE *Bonjour mademoiselle.*
Est-ce qu'il y une auberge de jeunesse dans la ville?
EMPLOYÉE Oui monsieur, avenue de Caen.
STEVE *Est-ce qu'il y a des places libres?*
EMPLOYÉE Je peux téléphoner, si vous voulez . . . Oui, vous avez de la chance. Vous savez où est l'avenue de Caen?
STEVE *Non. Avez-vous un plan de la ville?*
EMPLOYÉE Oui, voilà, dans ce dépliant.
STEVE *Merci mademoiselle.*

Mardi, Steve veut voir les monuments.

STEVE *Bonjour mademoiselle. Je voudrais des renseignements sur la ville.*
EMPLOYÉE Avec plaisir.
STEVE *Qu'est-ce qu'il y a à voir à Rouen?*
EMPLOYÉE Eh bien, le Gros-Horloge est très pittoresque, et la nouvelle église Jeanne d'Arc est magnifique.
STEVE *Avez-vous un dépliant sur les monuments historiques?*
EMPLOYÉE Voilà. C'est gratuit.
STEVE *Merci bien.*

Mercredi, il pleut. Que faire?

STEVE *Qu'est-ce qu'il y a à faire ici?*
EMPLOYÉE Il y a cinq cinémas, un bowling et des discothèques.
STEVE *Est-ce qu'il y a une patinoire à glace ici?*
EMPLOYÉE Oui, mais elle est assez loin. Prenez le bus numéro 3.
STEVE *Avez-vous un horaire des bus?*
EMPLOYÉE Non, mais ils sont assez fréquents.

EXERCICE 1

Invente les questions des touristes 1 à 6.

Est-ce qu'il y a un camping une plage un café un hôtel modeste un garage un bureau des objets trouvés	dans la ville? ici? près d'ici?

EXERCICE 2

Le syndicat d'initiative offre toutes sortes de documents:

<table>
<tr><td rowspan="4">Avez-vous
Je voudrais</td><td colspan="2">un guide de Rouen. une carte de la région.
un plan de la ville. un horaire (timetable) des bus.</td></tr>
<tr><td>un dépliant (leaflet)
des renseignements (information)</td><td>sur Rouen.
la ville.
les bus.
les monuments historiques.</td></tr>
<tr><td>une liste des</td><td>restaurants. hôtels.
musées. excursions.</td></tr>
<tr><td>des billets pour</td><td>le spectacle. les excursions en car.
les bus. les excursions en bateau.</td></tr>
</table>

Tu passes quatre jours à Rouen. Pose quatre questions différentes au syndicat d'initiative.

EXERCICE 3

Qu'est-ce qu'il y a	à voir (*to see*) à faire (*to do*) pour les jeunes gens	ici? dans la ville? le soir? dans la région?

Lis les réponses 1 à 3. Invente les questions.

1. «. . . . . .?»
   «Il y a par exemple le centre sportif, le bowling, trois discothèques, de nombreux cinémas et la Maison des Jeunes.»
2. «. . . . . .?»
   «Vous pouvez faire des excursions dans la vallée de la Seine, et visiter des villages et des châteaux charmants.»
3. «. . . . . .?»
   «En ce moment, c'est le Festival d'Été. Il y a danse, musique, théâtre et cinéma.»

DIALOGUE 21

Tu cherches un camping près de Rouen.
Pose des questions au syndicat d'initiative:

1. Ask if there's a camp site near here.
2. Ask if they have a leaftlet about buses.
3. Ask what there is to do in the evening.
4. Say 'Thank you'.

EMPLOYÉE Puis-je vous aider?
TOI . . . 1 . . .?
EMPLOYÉE Le camping municipal est à Déville, à 4 km d'ici. Prenez l'autobus numéro 1 ou 2.
TOI . . . 2 . . .?
EMPLOYÉE Il y a une liste des lignes d'autobus dans ce plan-guide.
TOI . . . 3 . . .?
EMPLOYÉE Voici une liste des spectacles. C'est gratuit.
TOI . . . 4 . . .
EMPLOYÉE Je vous en prie.

➪ Encore: Dialogues 63 et 64, à la page 69.

Où est la cathédrale?

DIALOGUE 22

Steve va au syndicat d'initiative de Rouen. Il veut trouver la cathédrale.

STEVE *Où est la cathédrale, s'il vous plaît?*
EMPLOYÉE C'est très facile monsieur.
Sortez d'ici, traversez la rue, et traversez la place.
STEVE *Et après?*
EMPLOYÉE C'est tout — la cathédrale est juste en face.
STEVE *C'est près d'ici?*
EMPLOYÉE Mais oui, c'est tout près.

DIALOGUE 23

Ensuite, Steve cherche l'église Jeanne d'Arc.

STEVE *Excusez-moi monsieur.*
Pour aller à l'église Jeanne d'Arc, s'il vous plaît?
PASSANT Voyons, traversez la place, prenez la première rue à gauche, passez sous le Gros-Horloge et continuez tout droit.
STEVE *C'est loin d'ici?*
PASSANT Non, ce n'est pas très loin.
STEVE *Merci monsieur.*

Tournez à gauche

Tournez à droite

Allez tout droit

Prenez la première rue à gauche

Prenez la troisième rue à droite

Prenez le bus

Traversez le pont

Allez jusqu'à l'église

Passez devant la statue

Descendez la rue

Montez la rue

Prenez le métro

EXERCICE 1

Complète les questions 1 à 5. Consulte le plan.

1. «Pour aller à la . . ., s'il vous plaît?»
«Prenez la première rue à droite.»
2. «Pour aller à la . . ., s'il vous plaît?»
«Prenez la première rue à gauche, puis allez tout droit.»
3. «Pour aller à la . . ., s'il vous plaît?»
«Allez tout droit, puis prenez la deuxième rue à droite.»
4. «Pour aller à la . . ., s'il vous plaît?»
«Allez tout droit, et puis prenez la deuxième rue à gauche.»
5. «Pour aller à la . . ., s'il vous plaît?»
«Allez tout droit, puis prenez la deuxième rue à gauche, et puis prenez la première rue à droite.»

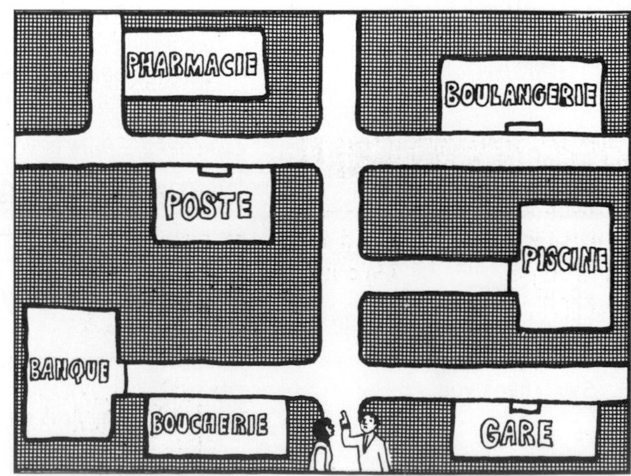

EXERCICE 2

le collège

la banque

l'hôtel de ville

Pour aller **au** collège **à la** banque **à l'**hôtel de ville	c'est	quelle rue? quelle direction? quel arrêt de bus? quelle station de métro?

A «. . ., . . . rue?»

B «. . ., . . . arrêt de bus?»

C «. . ., . . . direction?»

D «. . ., . . . station de métro?»

EXERCICE 3

Le collège, La banque, L'hôtel de ville,	c'est	près d'ici? loin d'ici?

Demande si c'est près:

Demande si c'est loin:

EXERCICE 4

Lis les réponses 1 à 6.
Consulte le plan à la page 45.
Complète les questions 1 à 6.

Tu es au syndicat d' initiative (numéro 16 sur le plan)

1. «Pour aller . . .?»
   «En sortant d'ici, tournez à gauche et continuez tout droit. Prenez la sixième rue à gauche. Vous passez devant la bibliothèque, et puis il est sur votre droite.»

2. « Pour aller . . .? »
   «Traversez la place, prenez la petite rue derrière la cathédrale, continuez jusqu'à la rue de la République, et il est de l'autre côté de la rue.»

3. «Pour aller . . .?»
   «En sortant d'ici, tournez à gauche. Après le lycée technique tournez à droite. Passez la statue, et il est juste en face.»

Tu es devant la Poste (no. 13 sur le plan)

4. «Pour aller . . .?»
   «Descendez la rue Jeanne d'Arc, prenez la sixième rue à droite, en face du théâtre. Elle est sur votre gauche.»

5. «Pour aller . . .?»
   «Prenez la première rue à droite, continuez jusqu'à l'église Jeanne d'Arc, passez derrière l'église, et il est dans une petite rue de l'autre côté de la grande place.»

6. «Pour aller . . .?»
   «Montez la rue Jeanne d'Arc, prenez la deuxième rue à gauche, la rue Thiers, et vous la trouverez sur votre droite.»

DIALOGUE 24

Tu es à la gare de Rouen. Tu cherches l'Hôtel de Normandie.

Tu parles à un employé de gare. Demande . . .

1. . . . où est ton hôtel.
2. . . . comment trouver la rue du Bec.
3. . . . où aller après la place.

EMPLOYÉ	Vous voulez quelque chose?
TOI	Excusez-moi. . . . 1 . . .?
EMPLOYÉ	Dans la rue du Bec, au centre-ville.
TOI	. . . 2 . . .?
EMPLOYÉ	Descendez la rue Jeanne d'Arc, là, jusqu'à la place.
TOI	. . . 3 . . .?
EMPLOYÉ	Le plus simple, c'est de demander à un passant.

Tu parles à une passante dans la rue:

4. Demande la direction de la rue du Bec.
5. Demande si c'est loin.
6. Remercie la femme.

TOI	Excusez-moi, madame . . . 4 . . .?
PASSANTE	La rue du Bec? Voyons, tournez à gauche ici et puis prenez la quatrième rue à droite.
TOI	. . . 5 . . .?
PASSANTE	Non, c'est tout près.
TOI	. . . 6 . . .

➪ Encore: Dialogues 65 et 66, à la page 69.

VISITEZ ROUEN

PLAN SCHÉMATIQUE
DU CENTRE DE ROUEN

1 la Gare
2 la Banque de France
3 le jardin public
4 la Bibliothèque
5 la statue de Napoléon
6 l'Hôtel de Ville
7 le Lycée Technique
8 le Lycée Saint-Saëns
9 le Restaurant des Fleurs
10 la Maison des Jeunes
11 le Musée Corneille
12 l'Église Jeanne d'Arc
13 la Poste
14 l'Hôtel de Normandie
15 le Gros-Horloge
16 le Syndicat d'Initiative
17 la Cathédrale
18 le Cinéma Gaumont
19 le grand magasin
20 la discothèque 'L'Ours'
21 le Café du Centre
22 le Théâtre des Arts
23 la Gare Routière
24 la rivière

Pour tous renseignements,
s'adresser à l'
OFFICE DE TOURISME
SYNDICAT D'INITIATIVE
25, place de la Cathédrale
Adresse postale: B.P. 666,
76008 ROUEN CEDEX

Au café

DIALOGUE 25

Steve est au Café du Centre à Rouen.

GARÇON	Bonjour monsieur.
STEVE	*Je voudrais une bouteille de Coca-Cola, s'il vous plaît. Et avez-vous des glaces?*
GARÇON	Oui monsieur. Quel parfum?
STEVE	*Une glace au chocolat, s'il vous plaît. Et qu'est-ce que vous avez comme sandwichs?*
GARÇON	Jambon, pâté, fromage, saucisson.
STEVE	*Je voudrais un sandwich au pâté.*

Le garçon apporte la commande et l'addition.

GARÇON	Un Coca, un sandwich, une glace — voilà.
STEVE	*Encore une glace au chocolat, s'il vous plaît.*
GARÇON	Bien, monsieur.

Steve apporte l'addition à la caisse.

STEVE	*Le service est compris, mademoiselle?*
CAISSIÈRE	Oui monsieur, taxes et service compris.
STEVE	*Voilà. Où sont les toilettes, s'il vous plaît?*
CAISSIÈRE	Par là, au sous-sol.
STEVE	*Merci.*

EXERCICE 1

Je voudrais Encore (*another, more*)	une bouteille de un verre de (*glass*)	limonade Coca-Cola vin rouge vin blanc	s'il vous plaît.
	un café (*black coffee*) un café crème (*white coffee*) un café au lait (*milky coffee*) un chocolat (*drinking chocolate*) un jus d'orange un demi (*glass of beer*)		
	un sandwich au jambon (*ham*) au pâté au fromage au saucisson (*Continental sausage*) un croque-monsieur (*toasted cheese sandwich*) des croissants		
	une glace à la vanille à la banane à l'orange à la fraise (*strawberry*) au chocolat au café au citron (*lemon*)		
	de la monnaie pour (*change*)	le babyfoot (*bar football*) les flippers (*pinball*) les jeux (*games*) le juke-box	

A «Je voudrais . . .»
Choisis les sandwichs, la glace et le café que tu préfères.

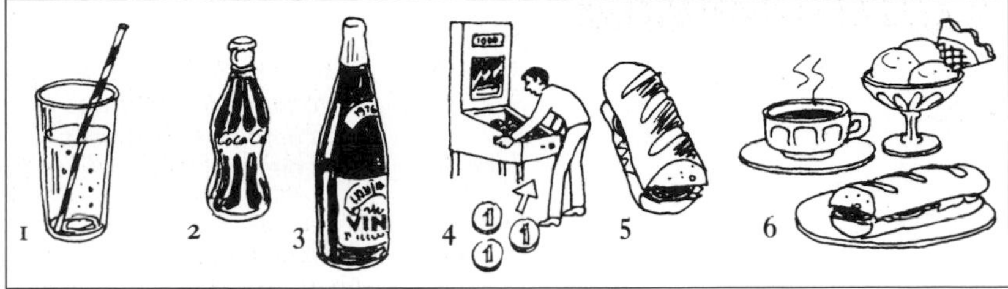

B «Encore . . .»

EXERCICE 2

Avez-vous des (*Have you any*) Qu'est-ce que vous avez comme (*What kinds of . . . have you got?*)	sandwichs? glaces? fruits? pâtisseries? fromages?

Les garçons demandent:
«Qu'est-ce que vous avez comme . . .?»
Les filles demandent:
«Avez-vous des . . .?»

DIALOGUE 26

In a café:

1. Say you'd like a white coffee.
2. Ask if they have any sandwiches.
3. Ask what kinds of ice-cream they have.
4. Ask for a strawberry ice and another white coffee.

GARÇON	Vous désirez?
TOI	. . . 1 . . .
GARÇON	Un café, oui. C'est tout?
TOI	. . . 2 . . .?
GARÇON	Ah non, je regrette, nous n'en avons plus.
TOI	. . . 3 . . .?
GARÇON	Voilà notre liste.
TOI	. . . 4 . . .?
GARÇON	Oui, bien sûr.

➪ Encore: Dialogues 67 et 68, à la page 70.

Au restaurant

DIALOGUE 27

Au téléphone

GARÇON Allô, ici le restaurant 'Au Petit Gourmand'.
M. MARTIN *Je voudrais réserver une table pour un, pour midi et demi. Je m'appelle Paul Martin.*
GARÇON Très bien, M. Martin. À tout à l'heure.

Au restaurant

M. MARTIN *J'ai réservé une table pour un.*
GARÇON Ah oui, M. Martin. Vous déjeunez à la carte?
M. MARTIN *Non, je voudrais le menu à 30 francs, s'il vous plaît.*

GARÇON Alors, pour commencer?
M. MARTIN *Le potage du jour, qu'est-ce que c'est?*
GARÇON C'est un potage aux légumes.
M. MARTIN *Non, je voudrais un œuf mayonnaise et puis un steak-frites.*
GARÇON Et pour boire?
M. MARTIN *Une carafe de vin rouge.*

GARÇON Et pour le dessert, monsieur?
M. MARTIN *Montrez-moi les fromages et les pâtisseries, s'il vous plaît. Oui, je voudrais un fromage.*
GARÇON Voilà, monsieur.
M. MARTIN *Merci. L'addition, s'il vous plaît.*
GARÇON Tout de suite, monsieur.

EXERCICE 1

Je voudrais réserver J'ai réservé	une table pour un. deux. trois.

Je voudrais le menu	à trente francs } *fixed price* (prix fixe) *menus.* à quarante francs } à la carte (*menu with items priced separately*).

Le potage du jour, 'Pêche melba',	qu'est-ce que c'est?

Montrez-moi (*Show me*)	les fromages les pâtisseries. les fruits.

Garçon! Mademoiselle!	L'addition, s'il vous plaît.

Que disent les clients 1 à 5?

hors d'œuvre *starter*
crudités *raw vegetables, e.g. radishes*
potages *soups*
potage du jour *soup of the day*
consommé au vermicelle *noodle soup*
bisque de homard *lobster soup*
plat garni *main dish, with vegetables*
côte de porc *pork chop*
escalope de veau *veal escalope*
canard *duck*
truite au bleu *trout cooked in wine*
sole Mornay *sole in wine and cheese*
rôti de bœuf *roast beef*
salade *lettuce with salad dressing*
fromage *cheese*
crêpes Suzette *pancakes in brandy*
pâtisseries *cakes*
pêche melba *peaches with ice-cream*
boissons *drinks*
café *black coffee*
café crème *white coffee*

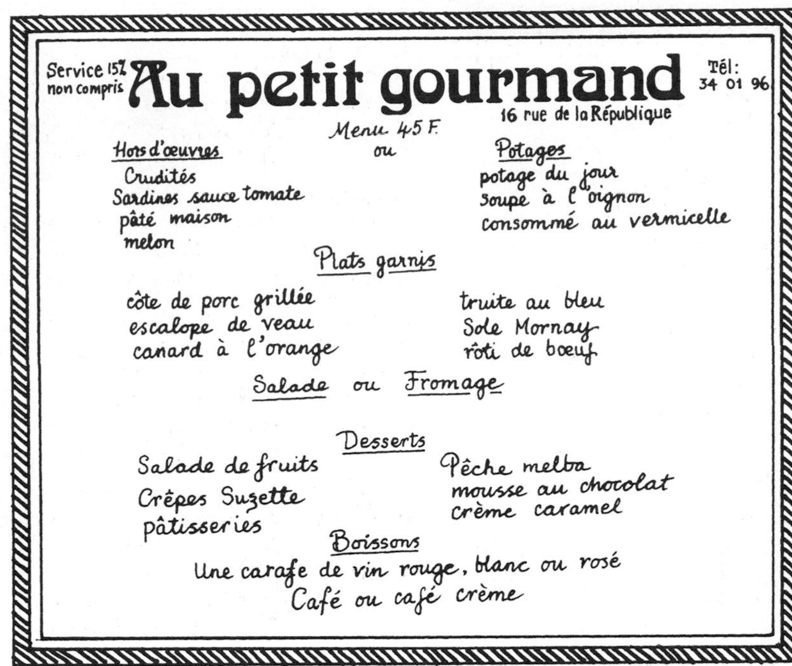

DIALOGUE 28

Tu es au restaurant 'Au Petit Gourmand' avec un ami.

1. Say that you've reserved a table for two.
2. Ask for the 45 franc menu.
3. Ask what the soup of the day is.
4. Study the menu above, then choose your first course (either an *hors d' œuvre* or a *potage*), and your second course (one of the *plats garnis*).
5. Say what wine you'd like.
6. Choose either salad or cheese, and select a dessert.
7. Order coffee for you both.
8. Call the waitress and ask for the bill.

SERVEUSE Bonjour.
TOI . . . 1 . . .
SERVEUSE Par ici, s'il vous plaît. Vous prenez quel menu?
TOI . . . 2 . . .
SERVEUSE Oui, vous avez choisi?
TOI . . . 3 . . .?
SERVEUSE C'est bisque de homard.
TOI . . . 4 . . .
SERVEUSE Et comme boisson?
TOI . . . 5 . . .
SERVEUSE Vous voulez un fromage ou une salade?
TOI . . . 6 . . .
SERVEUSE Vous prenez du café?
TOI . . . 7 . . .
SERVEUSE Je reviens tout de suite.
TOI . . . 8 . . .
SERVEUSE Mais oui, j'arrive.

Calcule le total de l'addition: a, b, c ou d?
a) 45 francs
b) 60 francs
c) 90 francs
d) 103.50 francs

➪ Encore: Dialogues 69 et 70, à la page 71.

Au garage

DIALOGUE 29

DIALOGUE 30

EXERCICE 1

Vingt litres Cent francs Le plein (*full tank*)	d'essence (*petrol*) de super (*4-star*) d'ordinaire (*2-star*) de sans-plomb (*unleaded*) de gasoil (*diesel*)	s'il vous plaît.

Vérifiez (*Check*)	l'huile, (*oil*) l'eau, les pneus, (*tyres*)	s'il vous plaît.

Je voudrais	de l'huile. de l'eau. de l'air. une carte routière.

Fais les demandes 1 à 9:

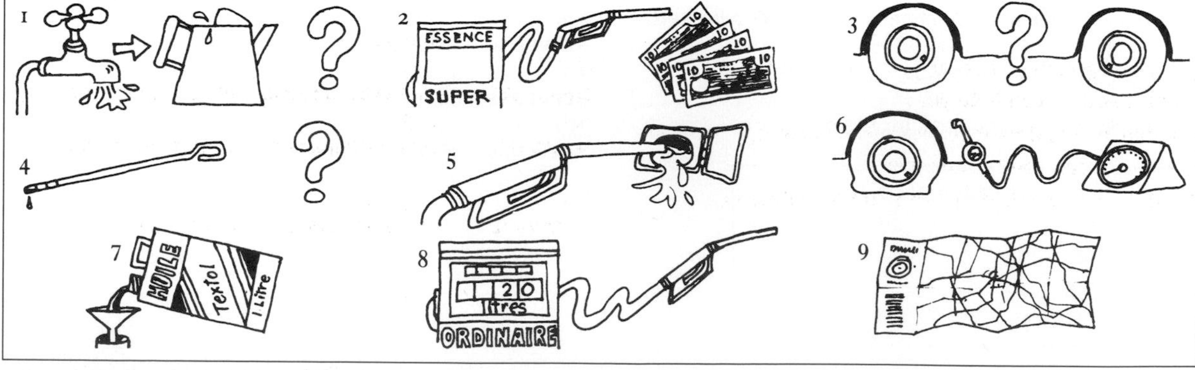

EXERCICE 2

Ma Ford Ma voiture Ma moto Mon scooter	est	en panne. (*broken down*) en panne d'essence. (*out of petrol*)

Pouvez-vous	m'aider?	
	envoyer	un mécanicien? quelqu'un?
	réparer	une Ford? une voiture? une moto? un scooter?

1. Say that your scooter's out of petrol, and ask for help.
2. Say that your motorbike has broken down, and ask if he can fix it.
3. Say that your car's broken down. Ask if they can send a mechanic.

DIALOGUE 31

Tu fais du tourisme en France à moto. À la station-service:

1. Ask for six litres of 2-star.
2. Tell the man you want to pump up your tyres.
3. Say you'd like some oil.

GARAGISTE	Bonjour. Vous désirez?
TOI	. . . 1 . . .
GARAGISTE	Bien. Ça y est.
TOI	. . . 2 . . .
GARAGISTE	Oui, bien sûr. C'est tout?
TOI	. . . 3 . . .
GARAGISTE	Du Total, ça va? . . . Voilà.

DIALOGUE 32

La moto tombe en panne. Tu vas à pied à un garage.

1. Tell the garage man that your bike's broken down, and ask if he can help you.
2. When he wonders if you've left the bike, say yes and ask if he can send a mechanic.
3. Ask the mechanic if he can repair a motorbike.

GARAGISTE	Bonjour.
TOI	. . . 1 . . .
GARAGISTE	Vous avez laissé la moto sur la route?
TOI	. . . 2 . . .
GARAGISTE	Voilà notre mécanicien. Demandez-lui.
TOI	. . . 3 . . .
MÉCANICIEN	Oui, je ne suis pas trop occupé.

➪ Encore: Dialogues 71 et 72, à la page 71.

À la Poste et à la banque

DIALOGUE 33

Julie est en vacances en France. Elle envoie une carte postale à toutes ses camarades de classe!

Dans le bureau de poste

EMPLOYÉE Oui, mademoiselle?
JULIE *C'est combien pour envoyer une carte postale en Angleterre?*
EMPLOYÉE Trois francs.
JULIE *Je voudrais 25 timbres à trois francs.*
EMPLOYÉE Ça fait soixante-quinze francs.

Elle téléphone à Jean-Pierre, un copain français.

Dans un café

JULIE *Est-ce que je peux téléphoner d'ici à Paris?*
GARÇON Bien sûr, mademoiselle.

JULIE *Allô? Je voudrais parler à Jean-Pierre.*
JEAN-PIERRE C'est Jean-Pierre à l'appareil.
JULIE *Ici Julie!*
JEAN-PIERRE Julie! Quelle surprise!

Elle n'a plus de francs. Elle veut changer de l'argent.

À la banque

JULIE *Est-ce qu'il y a un bureau de change ici?*
EMPLOYÉ Par là, mademoiselle, au guichet marqué 'Change'.

JULIE *Je voudrais changer des livres anglaises.*
EMPLOYÉ Très bien.

EXERCICE 1

Je voudrais C'est combien pour Est-ce que je peux (*Can I*)	envoyer une lettre une carte postale un télégramme ce paquet	en Grande Bretagne. en Angleterre. à Londres. à Paris. à Marseille.
	téléphoner d'ici	
	parler à . . .	
	changer des livres anglaises. un chèque de voyage.	

A «Je voudrais . . .»

B «C'est combien . . .?»

C «Est-ce que je peux . . .?»

EXERCICE 2

Invente les questions des personnes 1 à 4.

Est-ce qu'il y a	un téléphone une banque un bureau de poste un bureau de change une boîte à lettres	ici? près d'ici?

1

2

3

4

EXERCICE 3

Je voudrais	un timbre . . . timbres	à	. . . francs . . .

1 à 1000: à la page 79.

Demande ces timbres:

1. 3,00
2. 4,50
3. 5,00
4. 3,00

DIALOGUE 34

Tu vas à la banque et puis à la Poste.

1. In the bank, ask if there's a change desk here.
2. Say you'd like to change some pounds.
3. In the post office, ask how much it is to send a card to Britain.
4. Say you'd like one 3F stamp.
5. Ask if you can phone from here to Marseille.
6. Say hello and ask if you can speak to François.
7. Tell him who you are.

EMPLOYÉ	Puis-je vous aider?
TOI	. . . 1 . . .?
EMPLOYÉ	Oui, allez au guichet du fond, là-bas.
TOI	. . . 2 . . .
EMPLOYÉ	Voilà les papiers. Veuillez passer à la caisse pour l'argent.
TOI	. . . 3 . . .?
EMPLOYÉ	C'est trois francs.
TOI	. . . 4 . . .
EMPLOYÉ	Très bien.
TOI	. . . 5 . . .?
EMPLOYÉ	Oui, allez dans la cabine là-bas.
TOI	. . . 6 . . .?
FRANÇOIS	Oui, c'est François à l'appareil.
TOI	. . . 7 . . .

➪ Encore: Dialogues 73 et 74, à la page 72.

Au camping et à l'auberge

DIALOGUE 35

Mary arrive à un camping avec ses trois copines. Elle parle au gardien du camping.

GARDIEN Vous voulez camper ici? C'est pour une caravane?
MARY *Non, c'est pour une tente.*
GARDIEN Une petite?
MARY *Non, nous sommes quatre.*
GARDIEN La seule place qui me reste est à côté des toilettes.
MARY *Où sont les toilettes, s'il vous plaît?*
GARDIEN Là-bas, sous les arbres.
MARY *Pouvons-nous allumer un feu?*
GARDIEN Oui, mais attention aux arbres.
MARY *Merci, monsieur.*

DIALOGUE 36

Tony voudrait passer la nuit dans une auberge de jeunesse.

TONY *Avez-vous des lits pour ce soir?*
PÈRE AUBERGISTE Ça dépend. Vous êtes combien?
TONY *Je suis seul.*
PÈRE AUBERGISTE Oui alors, j'ai une place dans le dortoir des garçons.
TONY *Est-ce que je peux faire la cuisine?*
PÈRE AUBERGISTE Oui, si vous voulez, ça va.
TONY *Où est la cuisine?*
PÈRE AUBERGISTE Elle est par là, à côté du dortoir des filles.
TONY *Merci, monsieur.*

EXERCICE 1

Où est	le camping?	le bureau du gardien?
	la cuisine?	l'auberge de jeunesse?
	la boutique?	le dortoir des filles?
	le gardien?	le dortoir des garçons?

Où sont	les douches?
	les lavabos? (*wash basins*)
	les toilettes?
	les poubelles? (*bins*)

Invente des questions pour les situations 1 à 5. Commence: «Où . . .?'

At the campsite, you want . . .

1. to tell somebody you've arrived.
2. to do some shopping.
3. to shower and wash some clothes.
4. to throw away your rubbish.

At the hostel, you want . . .

5. to find your dormitory.

EXERCICE 2

Avez-vous	des places libres?
	des lits?

C'est pour	une tente.	une nuit.
	une caravane.	un garçon.
	une semaine.	deux filles.

«Avez-vous . . .? C'est pour . . .»

EXERCICE 3

Je suis seul.	*I'm on my own.*
Nous sommes deux.	*There are two of us.*

EXERCICE 4

Est-ce que je peux (*Can I*) Pouvons-nous (*Can we*)	camper ici? allumer un feu? faire la cuisine?

EXERCICE 5

Où est-ce que je peux (*Where can I*) Où pouvons-nous (*Where can we*)	camper? dormir? manger? téléphoner? payer?	faire la cuisine? acheter du pain? stationner ma voiture? changer des livres anglaises? louer (*hire*) un vélo?

Tu cherches ces signes:

1

3

5

7

9

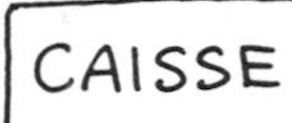

2

DORTOIR

4

6

8

10

EXERCICE 6

Recopie et complète les grilles. Trouve les mots mystère.

1. Camp site
2. Office
3. Shop
4. Tent
5. Dormitory
6. Camp warden
7. Fire

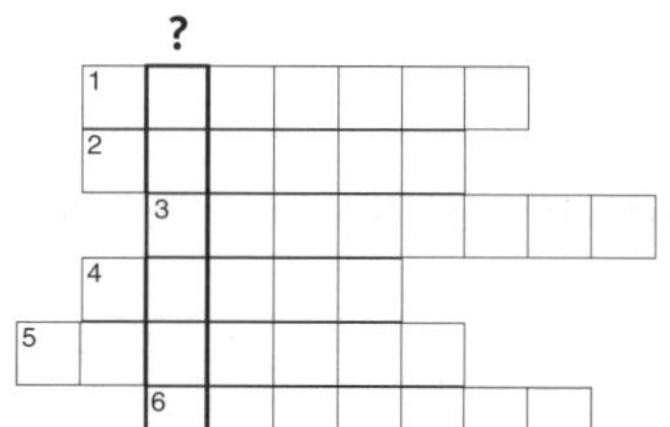

1. To camp
2. Shower
3. Kitchen
4. Wash basin
5. Place
6. To light
7. Bed
8. Toilet

DIALOGUE 37

Tu voudrais faire du camping à la ferme, mais le fermier dit non.

À la ferme

1. Demande la permission de faire du camping.
2. Demande où se trouve le camping.

Au camping

3. Demande s'il a une place.
4. Réponds à la question du gardien.
5. Tu voudrais du pain. Demande où tu peux l'acheter.

FERMIER	Qu'est-ce que vous voulez?
TOI	. . . 1 . . .?
FERMIER	Non, je n'aime pas les campeurs. Allez au camping municipal.
TOI	. . . 2 . . .?
FERMIER	Allez tout droit. C'est à 5 km.
GARDIEN	Qu'est-ce que vous cherchez?
TOI	. . . 3 . . .?
GARDIEN	Vous êtes combien?
TOI	. . . 4 . . .?
GARDIEN	Oui, alors, ça va. Suivez-moi.
TOI	. . . 5 . . .?
GARDIEN	Voilà la boutique du camping.

➪ Encore: Dialogues 75 et 76, à la page 73.

À l'hôtel

DIALOGUE 38

Nick cherche une chambre d'hôtel.

NICK	*Avez-vous une chambre pour une personne pour une nuit?*
HÔTELIER	Oui monsieur, la chambre numéro 24 au deuxième étage.
NICK	*C'est combien?*
HÔTELIER	150F par jour. Le petit déjeuner est compris. Vous la prenez?
NICK	*Oui, ça va. Où est ma clé?*
HÔTELIER	Voilà, monsieur.

EXERCICE 1

Je voudrais	une chambre	pour	une personne.	. . . personnes.
Avez-vous			une nuit. deux nuits.	une semaine.
J'ai réservé		avec	un grand lit. douche.	deux lits. W.C.

A «Je voudrais une chambre . . .»

1 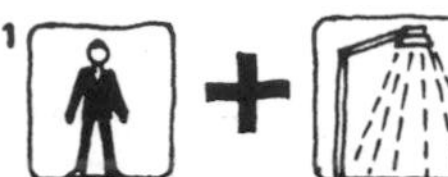
2 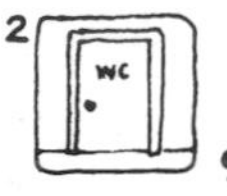

3 

B «Avez-vous une chambre . . .»

1 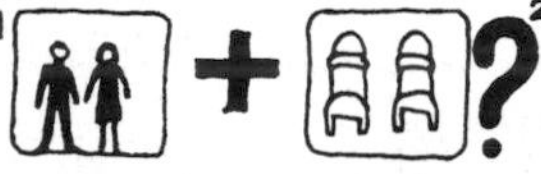
2 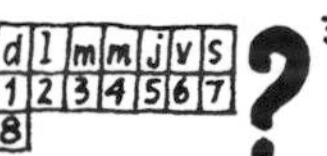
3 

C «J'ai réservé une chambre . . .»

1 

2 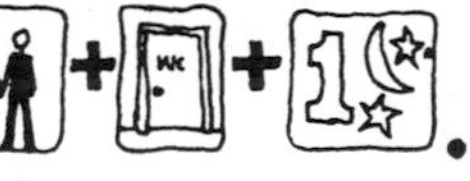
3 

EXERCICE 2

Où est	ma chambre ma clé ma note	la salle à manger la salle de bains le W.C.	s'il vous plaît?

Quelle question pose chaque personne 1 à 6?

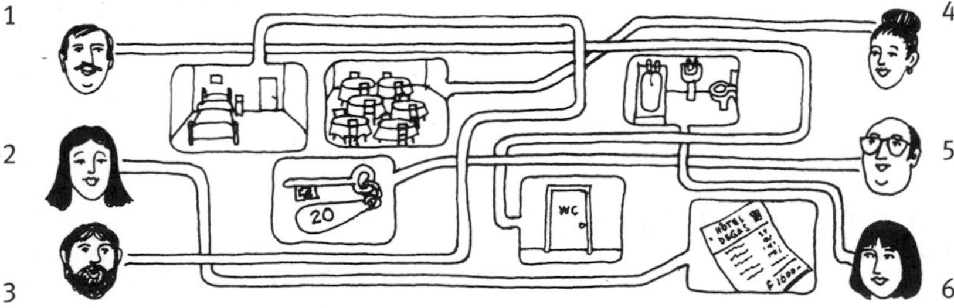

DIALOGUE 39

1. Say you'd like a double room with twin beds for two nights.
2. When you see the room, ask «How much?»
3. Ask where the bathroom is.

HÔTELIER	Pour votre sevice?
TOI	. . . 1 . . .
HÔTELIER	Bien sûr. Vous voulez voir la chambre? Suivez-moi.
TOI	. . . 2 . . .?
HÔTELIER	300 francs par jour. Le petit déjeuner est compris.
TOI	. . . 3 . . .?
HÔTELIER	Par là – vous voyez, c'est la porte bleue.

➪ Encore: Dialogues 77 et 78, à la page 73.

Au spectacle

DIALOGUE 40

Louise va au cinéma.

LOUISE *Qu'est-ce qu'il y a comme films cette semaine?*
CAISSIÈRE Il y a un western, une comédie et un film de science-fiction.
LOUISE *Ah bon. À quelle heure commence le western?*
CAISSIÈRE À vingt et une heures.
LOUISE *Et à quelle heure est-ce qu'il finit?*
CAISSIÈRE À vingt-trois heures.
LOUISE *Quel est le prix des places?*
CAISSIÈRE 50 francs, ou 35 francs pour étudiants.
LOUISE *Je voudrais une place tarif étudiant pour ce soir.*
CAISSIÈRE Oui, bien sûr.

EXERCICE 1

Qu'est-ce qu'il y a comme	films concerts matches	pièces de théâtre (*plays*) spectacles (*shows*)	aujourd'hui? ce soir? cette semaine?

Que pensent les personnes 1 à 3?

EXERCICE 2

À quelle heure est-ce que	le film le concert le match la pièce le spectacle	le défilé (*parade*) le bal (*dance*) le feu d'artifice (*firework display*)	commence? finit?

«À quelle heure . . .? Et à quelle heure . . .?»

DIALOGUE 41

Tu es à l'office de tourisme avec ton ami.

EMPLOYÉ

Je peux vous aider?

Il y a un concert de jazz et une comédie au théâtre.

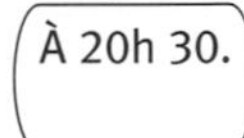

Vers 22 heures.

TOI

1. Demande des renseignements:
2. Demande:
3. Demande:
4. Achète:

➪ Encore: Dialogues 79 et 80 à la page 74.

Oui, je veux bien!

DIALOGUE 42

Dring! Dring!

BRIGITTE	*Allô?*
PASCAL	Allô Brigitte. Ici Pascal. Je vais à une surprise-partie chez René ce soir. Tu veux venir?
BRIGITTE	*Oh oui, je veux bien.*
PASCAL	On se rencontre à l'arrêt de bus dans la grand-rue, ça va?
BRIGITTE	*Oui, ça va. À quelle heure?*
PASCAL	Oh, vers huit heures.
BRIGITTE	*D'accord. À l'arrêt de bus à huit heures.*
PASCAL	Au revoir Brigitte.
BRIGITTE	*Au revoir, Pascal. À ce soir!*

EXERCICE 1

Tu veux venir?	Oui, je veux bien.
	Non, merci. Je ne peux pas. (*I can't.*) Je ne veux pas. (*I don't want to.*)

Imagine les réponses aux invitations 1 à 6.

EXERCICE 2

Au revoir.	À samedi! À lundi! À tout à l'heure!	À demain! À ce soir! À la semaine prochaine!

«Au revoir! À . . .!»

1. François is seeing Marie again next week.
2. Jean-Paul is off to the fair right now, and meeting Hélène there.
3. Marc has arranged to spend Saturday fishing with Laurent.
4. Yvonne will be seeing her boyfriend again tomorrow.
5. Anne is meeting her penfriend at the station on Monday.

EXERCICE 3

Je vais	au match de football.	On se rencontre	devant le stade?
	au cinéma.		devant le cinéma?
	au club.		devant la Maison des Jeunes?
	à la piscine.		devant la piscine?
	à la campagne.		à la gare?
	à la Tour Eiffel.		à la station de métro?
	en discothèque.		devant la discothèque?
	à la plage.		au bord de la mer?
	à la pêche.		à la rivière?
	à une surprise-partie.		chez moi?
	prendre un verre.		au café?

Exemple

«Je vais **au match de football.** Tu veux venir?»
«Oui, je veux bien.»
«On se rencontre **devant le stade**?»

EXERCICE 4

Tu veux sortir.
Invente les détails:
où? à quelle heure?
Où?: d'autres idées à la page 13.
À quelle heure?: à la page 26.

Puis invite un(e) ami(e).

	TOI	TON AMI(E)	
Greet your friend by name:	Salut, . . .!	Salut, . . .!	
Say where you' re going:	Je vais . . . Tu veux venir?	Oui, je veux bien.	
Suggest a meeting place:	On se recontre . . ., ça va?	Oui, ça va. À quelle heure?	
Say what time:	À . . . heures.	*Repeat the time and place:*	D'accord. À . . . heures, . . .

DIALOGUE 43

Réponds à l'invitation de ton ami.

1. Accepte avec plaisir.
2. Accepte, et demande à quelle heure.
3. Répète l'heure et le lieu, et dis au revoir.

➪ Encore: Dialogues 81 et 82, à la page 75.

Je suis malade

DIALOGUE 44

Barry est chez une famille française.

MADAME	Bonjour, Barry, Ça va?
BARRY	*Oh non, je suis malade.*
MADAME	Qu'est-ce que tu as?
BARRY	*J'ai chaud et j'ai soif.*
MADAME	Tu as mal au ventre?
BARRY	*Non, j'ai mal à la tête et mal à la gorge.*
MADAME	C'est la grippe, sans doute.
BARRY	*Au secours! Appelez un médecin!*

DIALOGUE 45

Jean-Luc est à la pharmacie.

JEAN-LUC	*Aïe! Aïe! Aïe!*
PHARMACIEN	Qu'y a-t-il, monsieur?
JEAN-LUC	*Avez-vous quelque chose pour le mal de dents?*
PHARMACIEN	Bien sûr. Attendez un moment.
JEAN-LUC	*Oh, ça me fait mal!*
PHARMACIEN	Je vais vous donner quelque chose Mais je vous conseille d'aller chez le dentiste.

EXERCICE 1

J'ai mal	à la	tête. gorge. main. jambe.
	au	ventre. genou. bras. doigt. dos. pied.
	à l'	œil. oreille.
	aux dents.	

Nos. 1 à 8: «J'ai mal . . .»

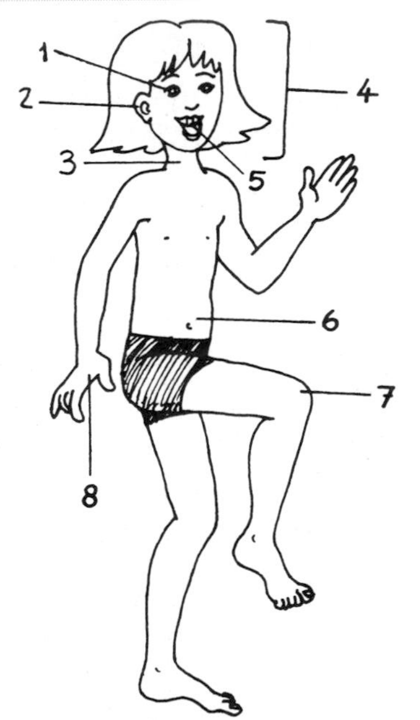

EXERCICE 2

Chaque personne 1 à 5 dit: «J'ai mal . . .»

EXERCICE 3

Je suis	malade. fatigué. enrhumé. (*got a cold*)
J'ai	froid. chaud. de la fièvre. la grippe. (*flu*)

Choisis une phrase pour chaque personne 1 à 5.

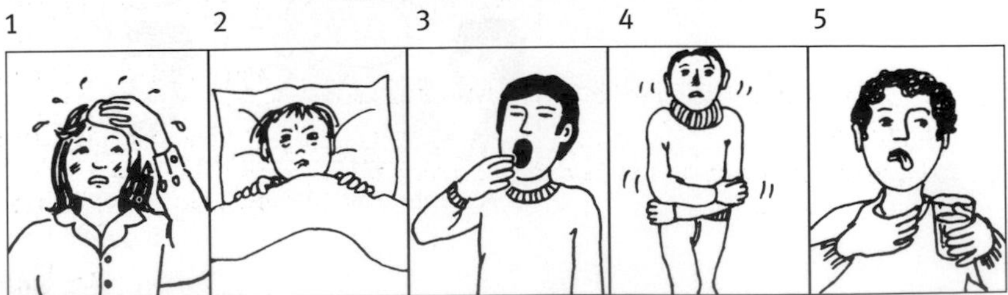

EXERCICE 4

Recopie et complète la grille. Trouve l'expression mystère.

1. I'm hot.
2. I've got a bad arm.
3. I'm hungry.
4. I've got a stomach ache.
5. I'm thirsty.
6. I'm ill.
7. I've got a bad foot.
8. I've got tooth ache.
9. I've got a bad leg.
10. I've got a bad hand.
11. I've got ear ache.

?

EXERCICE 5

Avez-vous quelque chose pour le	mal de dents? mal de tête? mal de gorge?	mal de ventre? mal de mer?

Que disent les personnes 1 à 5 au pharmacien?

EXERCICE 6

Au secours!	Appelez Je voudrais voir	une ambulance! un médecin! un dentiste!	les pompiers! *(fire-fighters)* la police!

«Au secours! . . .!»

1 

2 

3 

4 

5 

DIALOGUE 46

Tu es en vacances en France. Tu as un coup de soleil.

1. Say no, you're tired.
2. And you're hot.
3. Say you've got a headache.

VOTRE AMI Dis donc, tu veux venir à la discothèque?
TOI . . . 1 . . .
VOTRE AMI Fatigué? Déjà?
TOI . . . 2 . . .
VOTRE AMI Est-ce que tu es malade?
TOI . . . 3 . . .

DIALOGUE 47

Tu as mal au ventre. Tu consultes le pharmacien.

1. Demande au pharmacien s'il a un remède pour ton symptôme.
2. Indique ton ventre, et explique que ça te fait mal.

PHARMACIEN Bonjour. Vous désirez?
TOI . . . 1 . . .
PHARMACIEN Où est-ce que ça vous fait mal, exactement?
TOI . . . 2 . . .
PHARMACIEN Prenez ce cachet trois fois par jour.

➪ Encore: Dialogues 83 et 84, à la page 75.

J'ai perdu mon manteau!

DIALOGUE 48

Paul est en France avec son correspondant. Il a laissé son manteau dans un restaurant. Il retourne au restaurant.

PAUL *Excusez-moi, madame.*
FEMME Le restaurant est fermé.
PAUL *Je suis désolé, madame.*
J'ai perdu mon manteau.
FEMME Je n'ai rien trouvé en rangeant la salle.
PAUL *Pardon? Je ne comprends pas.*
FEMME Ah, un étranger! Parlez-vous français?
PAUL *Oui, un peu.*
FEMME Alors, il n'y a pas de manteau ici. Demandez au Bureau des Objets Trouvés au Commissariat de Police.
PAUL *Quand est-ce que le bureau est ouvert?*
FEMME Je ne sais pas moi.
PAUL *Eh bien, merci madame.*

Paul va au Bureau des Objets Trouvés.

PAUL *J'ai perdu mon manteau.*
POLICIER Bon, il faut remplir un formulaire.
PAUL *Parlez lentement, s'il vous plaît.*
POLICIER Eh bien: quel est votre nom et votre adresse?
PAUL *Je m'appelle Paul Jones. J'habite 3 Kings Road, Leeds.*
POLICIER Leeds? Comment ça s'écrit?
PAUL *Voulez-vous répéter, s'il vous plaît?*
POLICIER Le nom de votre ville, comment ça s'écrit?
PAUL *Ah! Ça s'écrit L – deux E – D – S.*
POLICIER Et le manteau, où l'avez-vous laissé?
PAUL *'Laissé?' C'est quoi en anglais?*
POLICIER Je ne parle pas anglais, moi.

Paul retrouve son correspondant Sébastien.

PAUL *J'ai perdu mon manteau, Sébastien.*
SÉBASTIEN Ton manteau, c'est un blouson kaki, hein?
PAUL *Un blouson? Qu'est-ce que c'est que ça?*
SÉBASTIEN Moi, j'ai trouvé ton blouson dans le restaurant. Tiens!

EXERCICE 1

Les filles disent:
«J'ai laissé . . .»
Les garçons disent:
«J'ai perdu . . .»

J'ai perdu (*lost*) J'ai laissé (*left*)	mon billet mon passeport mon porte-monnaie mon argent mon appareil photo mon sac	dans	le restaurant. le cinéma. le train. le supermarché. le zoo. le café.

EXERCICE 2

Est-ce que Quand est-ce que	le Bureau des Objets Trouvés le musée le bowling le cinéma le restaurant	est ouvert	aujourd'hui? demain? ce soir? dimanche? lundi?

1. The Lost Property Office will re-open on Monday. Ask what time.
2. You'd like to know if the museum will be opening today.
3. You wonder what time the restaurant starts serving tonight.
4. You'd like to go bowling on Sunday, if the bowling alley is open.
5. Find out what time you can get into the cinema tomorrow.

EXERCICE 3

Peter parle un peu le français, John ne parle pas l'allemand, et Claudette ne parle pas l'anglais. Complète ces conversations.

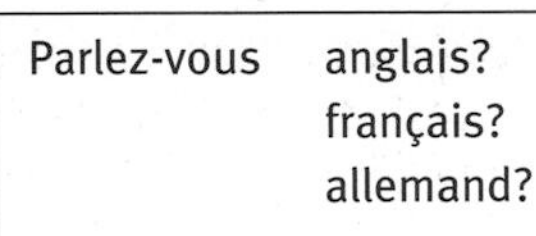

Parlez-vous	anglais? français? allemand?

Oui, un peu.	
Oui, je comprends Non, je ne comprends pas Non, je ne parle pas	l'anglais. le français. l'allemand.

EXERCICE 4

Recopie et complète la grille. Trouve l'expression mystère.

1. I've lost my bag.
2. Thank you.
3. A little.
4. I don't understand.
5. I'm very sorry.
6. Pardon.
7. I've left my coat.
8. What's that?
9. Do you speak English?
10. Lost Property Office.
11. Excuse me.

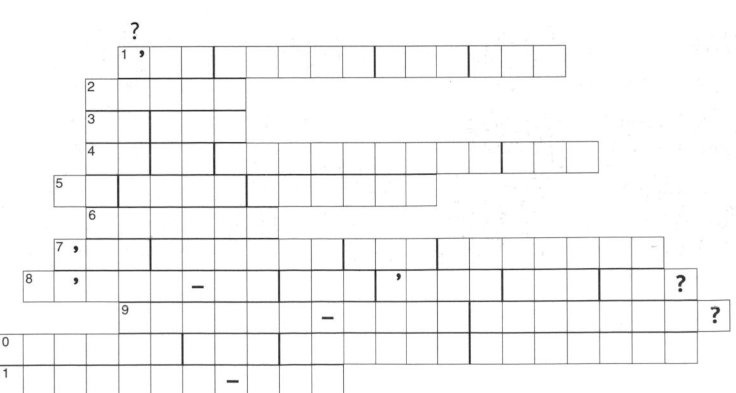

EXERCICE 5

La prononciation des lettres:

A	ah	**B**	bé	**C**	cé	**D**	dé	**E**	euh	**F**	ef
G	gé	**H**	ash	**I**	i	**J**	ji	**K**	ka	**L**	el
M	em	**N**	en	**O**	oh	**P**	pé	**Q**	ku	**R**	air
S	es	**T**	té	**U**	u	**V**	vé	**W**	double-vé		
X	ix	**Y**	i grec	**Z**	zed						

«Ça s'écrit . . .»

1. Ton nom, ça s'écrit comment?
2. Ton nom de famille, ça s'écrit comment?
3. Le nom de ta rue, ça s'écrit comment?
4. Le nom de ta ville, ça s'écrit comment?

DIALOGUE 49

Tu as laissé ton passeport dans le musée. Le gardien ferme le musée.

1. Say you've left your passport in the museum.
2. Say 'Pardon? I don't understand'.
3. Say yes, a little.
4. Ask when the museum is open.

GARDIEN Vous voulez quelque chose?
TOI . . . 1 . . .
GARDIEN Mais j'ai fermé à clé.
TOI . . . 2 . . .?
GARDIEN Parlez-vous français?
TOI . . . 3 . . .
GARDIEN Eh bien, le musée est fermé.
TOI . . . 4 . . .?
GARDIEN À quatorze heures.

Ton ami arrive.

5. Reply no, you don't know.
6. Ask 'What's that?'

TON AMI Dis donc, tu sais où est ton passeport?
TOI . . . 5 . . .
TON AMI Mais tiens, regarde, dans ta poche!
TOI . . . 6 . . .?
TON AMI C'est ton passeport, idiot!

DIALOGUE 50

Tu es au centre-ville près de chez toi.
Une touriste française te pose une question.

1. Tell her you're sorry, you don't speak French very well. Ask her to say it again.
2. Ask her to speak slowly.
3. Ask what 'pharmacie' is in English.
4. Ask her how it's spelt.
5. Tell her that now you understand!

PASSANTE Excusez-moi, où se trouve Boots, s'il vous plaît?
TOI . . . 1 . . .
PASSANTE Pour aller à Boots, s'il vous plaît?
TOI . . . 2 . . .
PASSANTE Mais c'est une grande pharmacie.
TOI . . . 3 . . .?
PASSANTE C'est un magasin. Boots, vous connaissez?
TOI . . . 4 . . .
PASSANTE B – deux O – T – S.
TOI Ah! . . . 5 . . .!

➪ Encore: Dialogues 85 et 86, à la page 76.

Encore

DIALOGUE 51 Révise **Bonjour et merci,** page 28.

Une copine française, Brigitte, arrive chez toi.

	BRIGITTE	Salut!
1. Say hello and invite Brigitte in.	TOI	...1...
	BRIGITTE	Ça va?.
2. Answer her question.	TOI	...2...
	BRIGITTE	Ta famille est là?
3. Introduce Brigitte to your parents.	TOI	...3...?
	BRIGITTE	Enchantée, madame, monsieur. Voici des fleurs pour vous.
4. Thank her and say that's very kind.	TOI	...4...

DIALOGUE 52 Révise **Bonjour et merci,** page 28.

Tu fais du camping en France. Ton copain Pascal arrive à la tente avec sa sœur Angéla.

	PASCAL	Bonjour! Voici ma sœur Angéla.
1. Présente Angéla à toute ta famille.	TOI	...1...
	ANGÉLA	Bonjour, tout le monde.
2. Offre quelque chose à boire à Pascal et à Angéla.	TOI	...2...?
	PASCAL	Oui, c'est gentil.
3. Et offre-leur quelque chose à manger.	TOI	...3...?
	ANGÉLA	Oui, je veux bien. Tu as passé de bonnes vacances en France?
4. Réponds à la question d'Angéla.	TOI	...4...

DIALOGUE 53 Révise **À quelle heure part le train?** page 30.

Tu veux aller à Marseille en car.
Tu parles à l'employé au guichet RÉSERVATIONS à la gare routière.

	L'EMPLOYÉ	Bonjour. Je peux vous aider?
1. Say you'd like to reserve a place on the coach to Marseille.	TOI	...1...
	L'EMPLOYÉ	C'est pour quel jour?
2. Say it's for Sunday.	TOI	...2...
	L'EMPLOYÉ	Ça fait 30F.
3. Ask what time the coach leaves.	TOI	...3...
	L'EMPLOYÉ	À midi.
4. Ask what time the coach gets to Marseille.	TOI	...4...
	L'EMPLOYÉ	À dix-sept heures.

DIALOGUE 54 Révise **À quelle heure part le train?** page 30.

Tu veux faire un voyage en car en France.
Invente les détails: où? quand?
Tu vas dans une agence de voyage.

	EMPLOYÉ	Bonjour. Je peux vous aider?
1. Demande une réservation de car pour ta destination.	TOI	. . . 1 . . .
	EMPLOYÉ	Quel jour voulez-vous partir?
2. Réponds à la question de l'employé.	TOI	. . . 2 . . .
	EMPLOYÉ	Oui, il y a un car le matin.
3. Demande l'heure de départ du car.	TOI	. . . 3 . . .?
	EMPLOYÉ	Il part à dix heures.
4. Et demande l'heure d'arrivée.	TOI	. . . 4 . . .?
	EMPLOYÉ	À midi et demi.

DIALOGUE 55 Révise **Est-ce que ce train va à Paris?** page 32.

Tu veux aller à St. Malo en train.
Tu parles à l'employé au guichet de la gare.

	L'EMPLOYÉ	À votre service?
1. Say you'd like a 2nd class return ticket to St. Malo.	TOI	. . . 1 . . .
	L'EMPLOYÉ	50F. Voilà.
2. Ask where you change trains.	TOI	. . . 2 . . .
	L'EMPLOYÉ	Vous changez à Paris.
3. Ask which platform is it for St. Malo.	TOI	. . . 3 . . .
	L'EMPLOYÉ	Quai numéro 1.
4. Ask if this train goes to St. Malo.	TOI	. . . 4 . . .
	L'EMPLOYÉ	Oui, oui.

DIALOGUE 56 Révise **Est-ce que ce train va à Paris?** page 32.

Tu es dans une station de métro à Paris. Tu vas faire du tourisme. Choisis ta première destination.

Au guichet:	EMPLOYÉ	Oui?
1. Achète des tickets pour les bus et le métro.	TOI	. . . 1 . . .
	EMPLOYÉ	Voilà.
2. Demande quel train tu dois prendre pour ta destination.	TOI	. . . 2 . . .?
	EMPLOYÉ	Consultez le panneau là-bas.
3. Demande si tu dois changer.	TOI	. . . 3 . . .?
Dans le train:	EMPLOYÉ	Oui, vous changez à Châtelet.
4. Demande où tu dois descendre pour ta destination.	TOI	. . . 4 . . .?
	VOYAGEUR	À la prochaine station.

DIALOGUE 57 Révise **C'est combien?** page 34.

Tu achètes des fruits à l'épicerie.

	L'ÉPICIER	Vous désirez?
1. Ask how much the oranges are.	TOI	. . . 1 . . .
	L'ÉPICIER	6F le kilo. Je vous en donne un kilo.
2. Say 'Yes' and ask for a melon also.	TOI	. . . 2 . . .
	L'ÉPICIER	Voilà. Et avec ça?
3. Ask if he has any strawberries or cherries.	TOI	. . . 3 . . .
	L'ÉPICIER	Je regrette, je n'en ai pas aujourd'hui.
4. Ask how much it comes to.	TOI	. . . 4 . . .
	L'ÉPICIER	Ça fait 12F.

DIALOGUE 58 Révise **C'est combien?** page 34.

Tu fais les courses au marché. Invente les détails: tes fruits et légumes préférés.

	MARCHAND	Et pour vous?
1. Demande au marchand s'il a tes fruits préférés.	TOI	. . . 1 . . .?
	MARCHAND	Oui, bien sûr.
2. Demande le prix des fruits que tu désires.	TOI	. . . 2 . . .?
	MARCHAND	10F le kilo.
3. Tu voudrais des légumes aussi. Demande le prix.	TOI	. . . 3 . . .?
	MARCHAND	6F le kilo.
4. Achète encore quelque chose à manger.	TOI	. . . 4 . . .
	MARCHAND	Voilà.

DIALOGUE 59 Révise **Je voudrais un paquet de bisuits**, page 36.

Tu achètes des provisions à l'épicerie.

	L'ÉPICIER	Qu'y a-t-il pour votre service?
1. Ask for that cheese.	TOI	. . . 1 . . .
	L'ÉPICIER	Vous en voulez combien?
2. Say you'd like 500 grams.	TOI	. . . 2 . . .
	L'ÉPICIER	C'est tout?
3. Ask for a packet of sweets and a bottle of Coca-Cola, too.	TOI	. . . 3 . . .
	L'ÉPICIER	Une bouteille d'un litre?
4. Say 'No' and ask for a 2 litre bottle.	TOI	. . . 4 . . .

DIALOGUE 60

Révise **Je voudrais un paquet de biscuits,** page 36.

Tu achètes des provisions pour un pique-nique. Invente les détails.

	L'ÉPICIER	Bonjour. Vous désirez?
1. Achète quelque chose à mettre dans les sandwiches.	TOI	...1...
	L'ÉPICIER	J'ai aussi une bonne quiche là. Vous en voulez?
2. Réponds à la question.	TOI	...2...
	L'ÉPICIER	Et avec ça?
3. Choisis quelque chose à boire.	TOI	...3...
	L'ÉPICIER	C'est tout?
4. Choisis quelque chose pour le dessert.	TOI	...4...
	L'ÉPICIER	Ça fait 3oF.

DIALOGUE 61

Révise **Où est le rayon des vêtements?** page 38.

Tu arrives dans un grand magasin. Tu veux acheter un T-shirt. Tu parles à la réceptionniste et puis à une vendeuse.

	RÉCEPTIONISTE	Puis-je vous aider?
1. Ask where the clothes department is.	TOI	...1...
	VENDEUSE	Vous avez choisi?
2. Say you'd like to try this T-shirt on.	TOI	...2...
	VENDEUSE	Vous le prenez, le T-shirt?
3. Say 'No' and explain it's too big.	TOI	...3...
	VENDEUSE	Vous voulez essayer un autre T-shirt?
4. Ask if they've got a smaller one.	TOI	...4...

DIALOGUE 62

Révise **Où est le rayon des vêtements?** page 38.

Tu vas dans un grand magasin pour acheter un cadeau. Décide des détails: quoi? quoi? pour qui?

	1er VENDEUR	Je peux vous aider?
1. Demande le rayon que tu cherches.	TOI	...1...?
	2ème VENDEUR	Vous désirez?
2. Quand tu arrives au rayon, explique ce que tu désires.	TOI	...2...
	2ème VENDEUR	Oui... Voilà.
3. Tu ne prends pas cet objet. Donne une raison.	TOI	...3...
	2ème VENDEUR	Ah. Je regrette.
4. Demande à voir quelque chose de différent.	TOI	...4...
	2ème VENDEUR	Oui, bien sûr.

DIALOGUE 63 Révise **Au syndicat d'initiative,** page 40.

Tu es dans l'office de tourisme à Strasbourg.

	L'EMPLOYÉE	Bienvenue à Strasbourg.
1. Say you'd like a leaflet about Strasbourg.	TOI	. . . 1 . . .
	L'EMPLOYÉE	Voilà. C'est gratuit.
2. Ask if they've got a town plan.	TOI	. . . 2 . . .
	L'EMPLOYÉE	Oui, il y a un plan au centre du dépliant.
3. Ask if there's a camp site near here.	TOI	. . . 3 . . .
	L'EMPLOYÉE	Oui, mais c'est loin. Il faut prendre le bus.
4. Ask if they've got a bus timetable.	TOI	. . . 4 . . .
	L'EMPLOYÉE	Oui, bien sûr. Voilà.

DIALOGUE 64 Révise **Au syndicat d'initiative,** page 40.

Tu es dans un office de tourisme dans une ville en France. Invente les détails: quelle ville? Qu'est-ce que tu voudrais faire là-bas?

	L'EMPLOYÉ	Bonjour et bienvenue!
1. Demande un des documents sur la ville ou la région.	TOI	. . . 1 . . .
	L'EMPLOYÉ	Oui, bien sûr.
2. Demande un des documents sur les transports.	TOI	. . . 2 . . .
	L'EMPLOYÉ	Voilà.
3. Pose une question sur les distractions.	TOI	. . . 3 . . .?
	L'EMPLOYÉ	Je vous donne la liste pour cette semaine.
4. Achète des billets pour ta distraction préférée.	TOI	. . . 4 . . .
	L'EMPLOYÉ	Ça fait 25F.

DIALOGUE 65 Révise **Où est la cathédrale?** page 42.

Tu aides une touriste française en ville.

	LA TOURISTE	Excusez-moi. Pour aller à l'hôtel de ville, s'il vous plaît?
1. Tell her to go straight on.	TOI	. . . 1 . . .
	LA TOURISTE	Et puis?
2. Tell her to take the sixth street on the left.	TOI	. . . 2 . . .
	LA TOURISTE	Et après?
3. Say 'Take the third street on the right'.	TOI	. . . 3 . . .
	LA TOURISTE	C'est près d'ici?
4. Say 'No' and tell her to take the no. 2 bus.	TOI	. . . 4 . . .

DIALOGUE 66 Révise **Où est la cathédrale?** page 42.

Tu aides un Français qui veut aller de ta rue jusqu'à ton collège.

	LE FRANÇAIS	Excusez-moi. Pour aller au collège, s'il vous plaît?
1. Commence les directions.	TOI	. . . 1 . . .
	LE FRANÇAIS	Et après?
2. Continue les directions.	TOI	. . . 2 . . .
	LE FRANÇAIS	C'est loin d'ici?
3. Réponds à la question.	TOI	. . . 3 . . .
	LE FRANÇAIS	Je peux y aller à pied?
4. Réponds à la question.	TOI	. . . 4 . . .
	LE FRANÇAIS	Merci beaucoup.

DIALOGUE 67 Révise **Au café**, page 46.

Tu es dans un café en France.

	LE GARÇON	Bonjour! Vous désirez?
1. Ask for an ice-cream.	TOI	. . . 1 . . .
	LE GARÇON	Quel parfum?
2. Ask for a banana ice-cream.	TOI	. . . 2 . . .
	LE GARÇON	Je peux vous aider?
3. Say that you'd like change for the games.	TOI	. . . 3 . . .
	LE GARÇON	Vous cherchez quelque chose?
4. Ask where the toilet is.	TOI	. . . 4 . . .
	LE GARÇON	Par là, au sous-sol.

DIALOGUE 68 Révise **Au café**, page 46.

Tu commandes un repas à une serveuse de café. Invente les détails de tes preférences.

	LA SERVEUSE	Vous avez choisi?
1. Commande le sandwich que tu désires.	TOI	. . . 1 . . .
	LA SERVEUSE	Et avec ça?
2. Commande une glace. Explique quel parfum tu désires.	TOI	. . . 2 . . .
	LA SERVEUSE	Et pour boire?
3. Commande quelque chose à boire.	TOI	. . . 3 . . .
	LA SERVEUSE	Je reviens dans un instant.
4. Demande quelles pâtisseries elle a.	TOI	. . . 4 . . .?
	LA SERVEUSE	Venez voir; elles sont par là.

DIALOGUE 69 Révise **Au restaurant,** page 48.

Tu dînes au restaurant 'Au Petit Gourmand' (à la page 49) avec deux copains.

	LA SERVEUSE	Bonjour. Vous êtes combien?
1. Say you'd like a table for three.	TOI	...1...
	LA SERVEUSE	Vous voulez un menu à prix fixe?
2. Say you'd like the 75F menu.	TOI	...2...
	LA SERVEUSE	Vous prenez la salade ou le fromage?
3. Say that you'll have the cheese.	TOI	...3...
Later:	LA SERVEUSE	Oui?
4. Ask for the bill.	TOI	...4...
	LA SERVEUSE	Voilà.

DIALOGUE 70 Révise **Au restaurant**, page 48.

Imagine: tu es dans un restaurant avec des amis.
Invente les détails: tu es avec combien d'amis? Qu'est-ce que tu aimes manger?

	GARÇON	Bonjour. Vous avez réservé?
1. Explique que tu as réservé une table pour toi et tes amis.	TOI	... 1 ...
	GARÇON	Voici le menu ... Vous avez choisi?
2. Commande ton plat préféré.	TOI	... 2 ...
	GARÇON	Et pour boire?
3. Réponds à la question.	TOI	... 3 ...
	GARÇON	Qu'est-ce que vous prenez comme dessert?
4. Choisis un dessert.	TOI	... 4 ...

DIALOGUE 71 Révise **Au garage,** page 50.

Tu achètes de l'essence à une station-service.

	GARAGISTE	Bonjour.
1. Say you'd like 20 litres of lead-free petrol.	TOI	...1...
	GARAGISTE	40F. C'est tout?
2. Ask for a can of oil too.	TOI	...2...
	GARAGISTE	Un litre d'huile, 20F.
3. Ask for a road map.	TOI	...3...
	GARAGISTE	Ça fait 10F en plus.
4. Ask him to check the tyre pressure.	TOI	...4...
	GARAGISTE	Oui, bien sûr.

DIALOGUE 72 Révise **Au garage**, page 50.

Tu as un problème avec ton véhicule en France.
Invente les détails: quel véhicule? quel problème?
Tu téléphones à un garage.

	GARAGISTE	Ici le garage Hubert. Allô?
1. Réponds au garagiste.	TOI	...1...
	GARAGISTE	Qu'y a-t-il pour votre service?
2. Décris ton véhicule et ton problème.	TOI	...2...
	GARAGISTE	Ah bon.
3. Demande s'il peut t'aider.	TOI	...3...
	GARAGISTE	Oui, sans doute.
4. Demande s'il peut réparer ton véhicule.	TOI	...4...
	GARAGISTE	Ah oui. Pas de problème.

DIALOGUE 73 Révise **À la Poste et à la banque**, page 52.

Tu es à la Poste. Tu veux envoyer des lettres.

	L'EMPLOYÉE	Vous désirez?
1. Ask how much it is to send a letter.	TOI	...1...
	L'EMPLOYÉE	Vous envoyez la lettre où?
2. Say you'd like to send the letter to Great Britain.	TOI	...2...
	L'EMPLOYÉE	Trois francs, s'il vous plaît.
3. Ask if there's a post box here.	TOI	...3...
	L'EMPLOYÉE	C'est juste en face.

DIALOGUE 74 Révise **À la Poste et à la banque**, page 52.

Tu vas changer de l'argent en francs, et puis contacter un ami.
Invente les détails: combien d'argent? un contact par lettre
ou par téléphone? où habite ton ami?

À la banque:	L'EMPLOYÉ	Je peux vous aider?
1. Explique que tu cherches un bureau de change.	TOI	...1...?
	L'EMPLOYÉ	Allez au guichet marqué CHANGE.
2. Explique que tu veux changer de l'argent.	TOI	...2...
	L'EMPLOYÉ	Combien d'argent voulez-vous changer?
3. Réponds à la question.	TOI	...3...
À la Poste:	L'EMPLOYÉ	Vous désirez?
4. Demande combien ça coûte pour contacter ton ami.	TOI	...4...

DIALOGUE 75

Révise **Au camping et à l'auberge**, page 54.

Tu arrives à un camping en France avec deux copains.

	GARDIEN	Bonjour!
1. Ask if he has any places free, and say it's for a tent.	TOI	...1...
	GARDIEN	Oui, c'est pour combien de nuits?
2. Say it's for two nights.	TOI	...2...
	GARDIEN	Vous êtes combien?
3. Say there are three of you.	TOI	...3...
	GARDIEN	J'ai une place près des poubelles.
4. Ask where the bins are.	TOI	...4...
	GARDIEN	Par là, à côté des toilettes.

DIALOGUE 76

Révise **Au camping et à l'auberge**, page 54.

Tu arrives à un camping en France. Tu cherches une place. Invente les détails: une place pour qui? pour quoi? pour combien de nuits?

	GARDIEN	Qu'est-ce que vous cherchez comme place?
1. Réponds à la question du gardien.	TOI	...1...
	GARDIEN	Vous restez combien de nuits?
2. Réponds encore une fois.	TOI	...2...
	GARDIEN	Oui, il me reste une place.
3. Tu veux faire du shopping – mais où?	TOI	...3...
	GARDIEN	La boutique est ouverte.
4. Tu veux préparer le dîner – mais où?	TOI	...4...
	GARDIEN	Il y a un coin barbécue par là.

DIALOGUE 77

Révise **À l'hôtel**, page 56.

Tu cherches une chambre d'hôtel.

	HÔTELIER	Qu'est-ce que vous voulez comme chambre?
1. Ask for a room with twin beds.	TOI	...1...
	HÔTELIER	C'est pour combien de nuits?
2. Say it's for one night.	TOI	...2...
	HÔTELIER	Oui, j'ai une chambre pour vous.
3. Ask if there's a shower and a toilet in the room.	TOI	...3...
	HÔTELIER	Bien sûr. Vous voulez manger ici?
4. Say 'Yes' and ask where the dining room is.	TOI	...4...
	HÔTELIER	C'est juste en face.

DIALOGUE 78 Révise **Au camping et à l'auberge**, page 54–55, et **À l'hôtel**, page 56.

Tu cherches des chambres d'hôtel pour toi et ta famille.

Arrivée:	HÔTELIER	Vous voulez rester ici?
1. Décris les chambres que tu voudrais.	TOI	. . . 1 . . .
	HÔTELIER	Vous êtes combien d'enfants et combien d'adultes?
2. Réponds à la question de l'hôtelier.	TOI	. . . 2 . . .
	HÔTELIER	Très bien.
3. Demande où il y a la possibilité de manger.	TOI	. . . 3 . . .?
Départ:	HÔTELIER	La salle à manger est par là.
4. Tu voudrais payer. Demande où.	TOI	. . . 4 . . .?
	HÔTELIER	Là-bas, à la caisse.

DIALOGUE 79 Révise **Au spectacle**, page 57.

Tu vas à l'office de tourisme pour acheter des billets de spectateur du défilé.

	EMPLOYÉE	Je peux vous aider?
1. Ask what time the parade begins.	TOI	. . . 1 . . .
	EMPLOYÉE	À quatorze heures.
2. Ask what time the parade ends.	TOI	. . . 2 . . .
	EMPLOYÉE	Vers seize heures.
3. Ask for three tickets for the parade.	TOI	. . . 3 . . .
	EMPLOYÉE	À 10F ou à 15F?
4. Ask for three 10F tickets.	TOI	. . . 4 . . .
	EMPLOYÉE	Très bien. Voilà.

DIALOGUE 80 Révise **Au spectacle**, page 57.

Tu vas au syndicat d'initiative. Tu voudrais aller à un concert ce soir.

	L'EMPLOYÉE	Vous désirez?
1. Demande des renseignements sur les concerts de ce soir.	TOI	. . . 1 . . .?
	L'EMPLOYÉE	Il y a des concerts de jazz, de rock et de musique classique.
2. Demande à quelle heure ton concert préféré commence.	TOI	. . . 2 . . .?
	L'EMPLOYÉE	À 21 heures.
3. Demande le prix des places.	TOI	. . . 3 . . .?
	L'EMPLOYÉE	Les places sont à 30F et à 50F. Vous prenez des billets?
4. Réponds à la question.	TOI	. . . 4 . . .

DIALOGUE 81 Révise **Oui, je veux bien!** page 58.

Tu veux aller danser ce soir avec ton ami.

	TON AMI	Si on sortait ce soir?
1. Say you're going dancing and ask if he wants to come.	TOI	...1...
	TON AMI	Ah oui! On se rencontre où?
2. Suggest meeting outside the disco.	TOI	...2...
	TON AMI	Oui, ça va.
3. Ask him if 8 o'clock is all right.	TOI	...3...
	TON AMI	Non, vers neuf heures. D'accord?
4. Agree to meet outside the disco at 9 o'clock.	TOI	...4...

DIALOGUE 82 Révise **Oui, je veux bien!**, page 58.

Un ami français t'invite au club.

	TON AMI	Dis donc, tu voudrais aller au club ce soir?
1. Refuse l'invitation. Donne une raison pour ton refus.	TOI	...1...
	TON AMI	Oh, c'est dommage.
2. Propose une autre excursion, et invite ton ami.	TOI	...2...?
	TON AMI	Super! On se rencontre chez moi?
3. Ça ne va pas. Propose un autre lieu.	TOI	...3...?
	TON AMI	Oui, si tu veux. Vers huit heures, ça va?
4. Accepte. Répète l'heure et le lieu, et dis au revoir.	TOI	...4...!

DIALOGUE 83 Révise **Je suis malade**, page 60.

Tu es en France avec ton amie. Ça ne va pas, aujourd'hui.

	TON AMIE	Tu es malade?
1. Say you're hot.	TOI	...1...
	TON AMIE	Oh là. C'est vrai.
2. Say that you have a temperature.	TOI	...2...
	TON AMIE	Tu as mal aussi?
3. Say that you have a headache.	TOI	...3...
	TON AMIE	Tu dois aller au lit!
4. Agree and say you have a cold.	TOI	...4...

DIALOGUE 84 Révise **Je suis malade,** page 60.

Tu es malade. Tu consultes un pharmacien. Invente les détails.

	PHARMACIEN	Puis-je vous aider?
1. Explique où tu as mal.	TOI	...1...
	PHARMACIEN	C'est tout?
2. Décris d'autres symptômes.	TOI	...2...
	PHARMACIEN	Vous avez chaud?
3. Réponds à la question du pharmacien.	TOI	...3...
	PHARMACIEN	Hmm. C'est grave.
4. Demande s'il a un remède.	TOI	...4...
	PHARMACIEN	Non. Il faut aller voir le médecin.

DIALOGUE 85 Révise **J'ai perdu mon manteau!** page 62.

Tu as laissé ton appareil photo Pentax au cinéma.
Tu retournes au cinéma, et tu parles à la caissière.

	LA CASSIÈRE	Bonjour.
1. Ask if she speaks English.	TOI	...1...
	LA CASSIÈRE	Ah non. Et vous, vous parlez français?
2. Say that you speak a little French.	TOI	...2...
	LA CASSIÈRE	Vous avez un problème?
3. Say you've left your Pentax camera in the cinema.	TOI	...3...
	LA CASSIÈRE	«Pentax» comment ça s'écrit?
4. Spell out P.E.N.T.A.X.	TOI	...4...

DIALOGUE 86 Révise **J'ai perdu mon manteau!** page 62.

Tu as perdu quelque chose samedi soir. Invente les détails:
tu as perdu quoi? où?
Tu vas au Bureau des Objets Trouvés et tu parles à l'employé.

	EMPLOYÉ	Bonsoir.
1. Raconte à l'employé ce que tu as perdu, et où.	TOI	...1...
	EMPLOYÉ	Ah, vous êtes étranger! Parlez-vous français?
2. Réponds à sa question.	TOI	...2...
	EMPLOYÉ	Quand l'avez-vous vu pour la dernière fois?
3. Tu ne comprends pas cette question. Demande de l'aide!	TOI	...3...
	EMPLOYÉ	Quel jour l'avez-vous perdu?
4. Maintenant, tu réponds à la question.	TOI	...4...

Make a phrase book

INTRODUCTIONS AND THANKS *page* 28

1 Hello!
2 How are you?
3 All right, thanks.
4 Pleased to meet you.
5 It was delicious.
6 Yes please.
7 Can I help you?
8 Thank you very much.
9 No thanks.
10 I've enjoyed myself a lot.
11 Good evening.
12 Goodbye.
13 That's very kind of you.
14 Good night.

PUBLIC TRANSPORT (1) *page* 30–31
RESERVATIONS AND TIMETABLES

15 What time does the train for Paris leave?
16 What time does the boat arrive at Folkestone?
17 I'd like to reserve a seat in the train for Calais.
18 Is there a train for Calais this morning?
19 Is there another bus for Calais this evening?
20 What time is there a boat for Calais today?
21 What time does the next coach for Calais leave?

PUBLIC TRANSPORT (2) *page* 32–33
TICKETS; CHECKING THE DESTINATION

22 Where do I change for the Eiffel Tower?
23 Where do I get off for the Sacré Cœur?
24 a single
25 a return
26 first class
27 second class
28 Which platform is it for Calais?
29 Does this bus go to Paris?

SHOPPING (1) *page* 34–35
BUYING FOOD; PRICES

30 That's all.
31 How much does that come to?
32 How much is the bread?
33 Have you any bread?
34 I'd like some coffee.
35 Give me some sugar as well.

SHOPPING (2) *page* 36–37
BUYING A SNACK; QUANTITIES

36 What's that called?
37 a tin of sardines
38 a box of chocolates
39 a jar of jam
40 a packet of biscuits
41 a bottle of Coca-Cola
42 a litre of lemonade
43 a portion of chips
44 100 grams of sausage
45 500 grams of cheese
46 a kilo of ham

SHOPPING (3) *page* 38–39
CLOTHES; PRESENTS; DEPARTMENT STORE

47 Have you got a ring like that?
48 Where is the clothes department?
49 I'd like to buy a bag.
50 I'd like to try on this T-shirt.
51 I'd like to see some dolls.
52 It's too dear.

AT THE TOURIST OFFICE *page* 40–41

53 Is it free?
54 Is there a camp site in the town?
55 Is there a beach here?
56 Is there a café near here?
57 Have you got a guide to Rouen?
58 I'd like a plan of the town.
59 What is there to see here?
60 What is there to do in the evenings?
61 What is there for young people in the town?

ASKING THE WAY *page* 42–43

62 Where is the cathedral, please?
63 What then?
64 Turn left.
65 Turn right.
66 Go straight on.
67 Take the first road on the left.
68 Take the third road on the right.
69 Cross the bridge.
70 Go as far as the church.
71 Pass the statue.
72 Go down the road.
73 Go up the road.
74 To get to the college, which road is it?
75 To get to the bank, which direction is it?
76 To get to the town hall, which bus stop is it?
77 Is the college near here?
78 Is the bank far from here?

IN A CAFÉ *page* 46–47

79 I'd like a glass of red wine, please.
80 Another white coffee, please.
81 What kinds of sandwiches have you got?

IN A RESTAURANT *page* 48

82 I'd like to reserve a table for two.
83 I've reserved a table for three.
84 I'd like the 45-franc menu.
85 What is the soup of the day?
86 Show me the cheeses.
87 Waiter! The bill, please.

BUYING PETROL; BREAKDOWNS *page* 50–51

88 Twenty litres of petrol, please.
89 Hundred francs' worth of 4-star please.
90 A full tank of 2-star please.
91 Check the oil please.
92 I'd like a road map.
93 My Ford has broken down.
94 My car is out of petrol.
95 Can you help me?
96 Can you send a mechanic?
97 Can you repair a Ford?

POST OFFICE, BANK AND PHONE *page* 52–53

98 I'd like to send a letter to Great Britain.
99 How much is it to phone from here to Marseille?
100 Can I change some pounds?
101 Is there a phone here?
102 Is there a bank near here?
103 I'd like three 3F stamps.

CAMPING AND HOSTELLING *page* 54–55

104 Where is the camp site?
105 Where are the showers?
106 Have you any places free?
107 It's for a tent.
108 I'm on my own.
109 There are two of us.
110 Can I camp here?
111 Can we light a fire?
112 Where can I camp?

ASKING FOR A HOTEL ROOM *page* 56

113 I'd like a single room with a bathroom.
114 Have you got a double room with twin beds?
115 I've reserved a room with a shower for one night.
116 Where is my room?

GOING TO A SHOW *page* 57

117 What shows are on this week?
118 What time does the film begin?
119 What time does the play end?
120 How much are the seats?
121 Two seats at student rates, please.

MAKING A DATE *page* 58–59

122 Do you want to come?
123 Yes, I'd like to.
124 No thanks, I can't.
125 No thanks, I don't want to.
126 Goodbye. See you Saturday.
127 I'm going to the football match.
128 Shall we meet outside the stadium?

ILLNESS; AT THE CHEMIST'S *page* 60–61

129 That hurts.
130 I've got a headache.
131 I've got a sore throat.
132 I've got a bad back.
133 I'm ill.
134 I'm cold.
135 Have you got anything for tooth ache?

PROBLEMS AND APOLOGIES *page* 62–64

136 Excuse me.
137 I'm very sorry.
138 Pardon? I don't understand.
139 I don't know.
140 What's that?
141 I've lost my ticket in the restaurant.
142 I've left my passport in the cinema.
143 Is the Lost Property Office open today?
144 When is the museum open tomorrow?
145 Do you speak English?
146 Yes, a little.
147 I don't speak French.
148 Please speak slowly.
149 Would you repeat that, please.
150 How do you spell that?
151 It's spelt . . .
152 What's that in English?
153 I don't understand German.
154 I understand French.

1 à 1000

1 un	**30** trente	**60** soixante	**90** quatre-vingt-dix
2 deux	**31** trente et un	**61** soixante et un	**91** quatre-vingt-onze
3 trois	**32** trente-deux	**62** soixante-deux	**92** quatre-vingt-douze
4 quatre	**33** trente-trois	**63** soixante-trois	**93** quatre-vingt-treize
5 cinq	**34** trente-quatre	**64** soixante-quatre	**94** quatre-vingt-quatorze
6 six	**35** trente-cinq	**65** soixante-cinq	**95** quatre-vingt-quinze
7 sept	**36** trente-six	**66** soixante-six	**96** quatre-vingt-seize
8 huit	**37** trente-sept	**67** soixante-sept	**97** quatre-vingt-dix-sept
9 neuf	**38** trente-huit	**68** soixante-huit	**98** quatre-vingt-dix-huit
	39 trente-neuf	**69** soixante-neuf	**99** quatre-vingt-dix-neuf
10 dix	**40** quarante	**70** soixante-dix	**00**
11 onze	**41** quarante et un	**71** soixante et onze	**0** zéro
12 douze	**42** quarante-deux	**72** soixante-douze	**100** cent
13 treize	**43** quarante-trois	**73** soixante-treize	**200** deux cents
14 quatorze	**44** quarante-quatre	**74** soixante-quatorze	**500** cinq cents
15 quinze	**45** quarante-cinq	**75** soixante-quinze	**1000** mille
16 seize	**46** quarante-six	**76** soixante-seize	
17 dix-sept	**47** quarante-sept	**77** soixante-dix-sept	
18 dix-huit	**48** quarante-huit	**78** soixante-dix-huit	
19 dix-neuf	**49** quarante-neuf	**79** soixante-dix-neuf	
20 vingt	**50** cinquante	**80** quatre-vingts	En l'an . . .
21 vingt et un	**51** cinquante et un	**81** quatre-vingt-un	**1900** dix-neuf cents
22 vingt-deux	**52** cinquante-deux	**82** quatre-vingt-deux	**1999** dix-neuf cent quatre-vingt-dix-neuf
23 vingt-trois	**53** cinquante-trois	**83** quatre-vingt-trois	**2000** deux mille
24 vingt-quatre	**54** cinquante-quatre	**84** quatre-vingt-quatre	**2001** deux mille un
25 vingt-cinq	**55** cinquante-cinq	**85** quatre-vingt-cinq	
26 vingt-six	**56** cinquante-six	**86** quatre-vingt-six	
27 vingt-sept	**57** cinquante-sept	**87** quatre-vingt-sept	
28 vingt-huit	**58** cinquante-huit	**88** quatre-vingt-huit	
29 vingt-neuf	**59** cinquante-neuf	**89** quatre-vingt-neuf	

DES INSTRUCTIONS

achète	*buy*	**indique**	*point to*
appelle	*call*	**lis**	*read*
cherche	*look for*	**paie**	*pay*
choisis	*choose*	**pose**	*ask*
commande	*order*	**présente**	*introduce*
commence	*start*	**propose**	*suggest*
décris	*describe*	**raconte**	*tell*
demande	*ask for*	**recopie**	*copy out*
dis	*say*	**remercie**	*thank*
donne	*give*	**réponds**	*answer*
explique	*explain*	**trouve**	*find*
fais	*make*	**vérifie**	*check*

Des questions

	Exemples:		Pages:
When . . .?	**À quelle heure** part le train?	*What time . . .?*	30, 57, 58
	Quand est-ce que la banque est ouverte?	*When . . .?*	62
Where . . .?	**Où** est-ce que je change pour Paris?	*Where do I . . .?*	32
	Où est . . .?	*Where is . . .?*	38, 36, etc.
	Où sont . . .?	*Where are . . .?*	46, 54
	Où pouvons-nous camper?	*Where can we . . .?*	55
Which . . .?	C'est **quel** quai?	*Which . . . is it?*	32
What . . .?	**Qu'est-ce que** c'est que ça?	*What's that?*	36, 62
	Qu'est-ce que vous avez?	*What have you got?*	46
	Qu'est-ce que c'est?	*What is it?*	48
	Qu'est-ce qu'il y a . . .?	*What is there/are there . . .?*	40, 57
	Comment s'appelle ça?	*What's that called?*	36
	C'est **quoi** en anglais?	*What's that in English?*	62
	Quel est le prix?	*What's the price?*	57
How . . .?	**Comment** ça s'ecrit?	*How do you spell that?*	62
	Pour aller à . . ., s'il vous plaît?	*How do I get to . . .?*	42
How much . . .?	C'est **combien?**	*How much is it?*	34, 38, 52
	Ça fait **combien?**	*How much does that come to?*	34

Est-ce que doesn't have a meaning. It can start a question.	**Est-ce qu'**il y a un/une . . .?	*Is there a . . .?*	30, 40, 52
	Est-ce que je dois changer?	*Do I have to . . .?*	32
	Est-ce que ce train va à Paris?	*Does this train go . . .?*	32
	Est-ce que je peux . . .?	*Can I . . .? May I . . .?*	52, 54
	Est-ce que la banque est ouverte?	*Is the bank open?*	62

Other useful questions:	**Avez-vous** . . .?	*Have you got . . .?*	34, 38, etc.
	Vous voulez du café?	*Would you like . . .?*	28
	Voulez-vous répéter, s'il vous plaît?	*Would you please . . .?*	62
	Pouvez-vous . . .?	*Can you . . .?*	50
	Pouvons-nous . . .?	*Can we . . .?*	54
	Parlez-vous anglais?	*Do you speak . . .?*	62